LE

CHATEAU DES CARPATHES

— COLLECTION HETZEL —

LES VOYAGES EXTRAORDINAIRES

Couronnés par l'Académie française.

QUARANTE
Illustrations
par
L. BENETT

LE CHATEAU DES CARPATHES

PAR

JULES VERNE

6 GRANDES GRAVURES EN CHROMOTYPOGRAPHIE

BIBLIOTHÈQUE
D'ÉDUCATION ET DE RÉCRÉATION
J. HETZEL ET Cⁱᵉ, 18, RUE JACOB
PARIS

LE CHATEAU DES CARPATHES

I

Cette histoire n'est pas fantastique, elle n'est que romanesque.
Faut-il en conclure qu'elle ne soit pas vraie, étant donnée son

invraisemblance? Ce serait une erreur. Nous sommes d'un temps
où tout arrive, — on a presque le droit de dire où tout est arrivé.
Si notre récit n'est point vraisemblable aujourd'hui, il peut l'être
demain, grâce aux ressources scientifiques qui sont le lot de l'avenir,
et personne ne s'aviserait de le mettre au rang des légendes. D'ailleurs,
il ne se crée plus de légendes au déclin de ce pratique et positif dix-
neuvième siècle, ni en Bretagne, la contrée des farouches korrigans,
ni en Écosse, la terre des brownies et des gnomes, ni en Norvège, la
patrie des ases, des elfes, des sylphes et des valkyries, ni même en
Transylvanie, où le cadre des Carpathes se prête si naturellement à
toutes les évocations psychagogiques. Cependant il convient de noter
que le pays transylvain est encore très attaché aux superstitions des
premiers âges.

Ces provinces de l'extrême Europe, M. de Gérando les a décrites,
Élisée Reclus les a visitées. Tous deux n'ont rien dit de la curieuse
histoire sur laquelle repose ce roman. En ont-ils eu connaissance?
peut-être, mais ils n'auront point voulu y ajouter foi. C'est regret-
table, car ils l'eussent racontée, l'un avec la précision d'un annaliste,
l'autre avec cette poésie instinctive dont sont empreintes ses relations
de voyage.

Puisque ni l'un ni l'autre ne l'ont fait, je vais essayer de le faire
pour eux.

Le 29 mai de cette année-là, un berger surveillait son troupeau
à la lisière d'un plateau verdoyant, au pied du Retyezat, qui do-
mine une vallée fertile, boisée d'arbres à tiges droites, enrichie de
belles cultures. Ce plateau élevé, découvert, sans abri, les galernes,
qui sont les vents de nord-ouest, le rasent pendant l'hiver comme
avec un rasoir de barbier. On dit alors, dans le pays, qu'il se fait la
barbe — et parfois de très près.

Ce berger n'avait rien d'arcadien dans son accoutrement, ni de
bucolique dans son attitude. Ce n'était pas Daphnis, Amyntas, Tityre,
Lycidas ou Mélibée. Le Lignon ne murmurait point à ses pieds en-
sabotés de gros socques de bois : c'était la Sil valaque, dont les eaux

fraîches et pastorales eussent été dignes do couler à travers les méandres du roman de l'*Astrée*.

Frik, Frik du village de Werst, — ainsi se nommait ce rustique pâtour, — aussi mal tenu de sa personne que ses bêtes, bon à loger dans cette sordide crapaudière, bâtie à l'entrée du village, où ses moutons et ses porcs vivaient dans une révoltante prouacrerie, — seul mot, emprunté de la vieille langue, qui convienne aux pouilleuses bergeries du comitat.

L'*immanum pecus* paissait donc sous la conduite dudit Frik, — *immanior ipse*. Couché sur un tertre matelassé d'herbe, il dormait d'un œil, veillant de l'autre, sa grosse pipe à la bouche, parfois sifflant ses chiens, lorsque quelque brebis s'éloignait du pâturage, ou donnant un coup de bouquin que répercutaient les échos multiples de la montagne.

Il était quatre heures après midi. Le soleil commençait à décliner. Quelques sommets, dont les bases se noyaient d'une brume flottante, s'éclairaient dans l'est. Vers le sud-ouest, deux brisures de la chaîne laissaient passer un oblique faisceau de rayons, comme un jet lumineux qui filtre par une porte entr'ouverte.

Ce système orographique appartenait à la portion la plus sauvage de la Transylvanie, comprise sous la dénomination de comitat de Klausenburg ou Kolosvar.

Curieux fragment de l'empire d'Autriche, cette Transylvanie, « l'Erdely » en magyar, c'est-à-dire « le pays des forêts ». Elle est limitée par la Hongrie au nord, la Valachie au sud, la Moldavie à l'ouest. Étendue sur soixante mille kilomètres carrés, soit six millions d'hectares, — à peu près le neuvième de la France, — c'est une sorte de Suisse, mais de moitié plus vaste que le domaine helvétique, sans être plus peuplée. Avec ses plateaux livrés à la culture, ses luxuriants pâturages, ses vallées capricieusement dessinées, ses cimes sourcilleuses, la Transylvanie, zébrée par les ramifications d'origine plutonique des Carpathes, est sillonnée de nombreux cours d'eaux qui vont grossir la Theiss et ce superbe Danube, dont les Portes de Fer, à quelques milles au sud [1], ferment le défilé de la chaine des Balkans sur la frontière de la Hongrie et de l'empire ottoman.

Tel est cet ancien pays des Daces, conquis par Trajan au premier siècle de l'ère chrétienne. L'indépendance dont il jouissait sous Jean Zapoly et ses successeurs jusqu'en 1699, prit fin avec Léopold Ier, qui l'annexa à l'Autriche. Mais, quelle qu'ait été sa constitution politique, il est resté le commun habitat de diverses races qui s'y coudoient sans se fusionner, les Valaques ou Roumains, les Hongrois, les Tsiganes, les Szeklers d'origine moldave, et aussi les Saxons que le temps et les circonstances finiront par « magyariser » au profit de l'unité transylvaine.

A quel type se raccordait le berger Frik? Était-ce un descendant dégénéré des anciens Daces? Il eût été malaisé de se prononcer, à voir sa chevelure en désordre, sa face machurée, sa barbe en broussailles, ses sourcils épais comme deux brosses à crins rougeâtres, ses yeux pers, entre le vert et le bleu, et dont le larmier humide était circonscrit du cercle sénile. C'est qu'il est âgé de soixante-cinq ans, — il y a lieu de le croire du moins. Mais il est grand, sec, droit sous son sayon jaunâtre moins poilu que sa poitrine, et un peintre ne dédaignerait pas d'en saisir la silhouette, lorsque, coiffé d'un chapeau de sparterie, vrai bouchon de paille, il s'accote sur son bâton à bec de corbin, aussi immobile qu'un roc.

Au moment où les rayons pénétraient à travers la brisure de l'ouest, Frik se retourna; puis, de sa main à demi fermée, il se fit un portevue — comme il en eût fait un porte-voix pour être entendu au loin, — et il regarda très attentivement.

Dans l'éclaircie de l'horizon, à un bon mille, mais très amoindri par l'éloignement, se profilaient les formes d'un burg. Cet antique château occupait, sur une croupe isolée du col de Vulkan, la partie supérieure d'un plateau appelé le plateau d'Orgall. Sous le jeu d'une

1. Le mille hongrois vaut environ 7500 mètres.

éclatante lumière, son relief se détachait crûment, avec cette netteté
que présentent les vues stéréoscopiques. Néanmoins, il fallait que
l'œil du pâtour fût doué d'une grande puissance de vision pour distinguer quelque détail de cette masse lointaine.

Soudain le voilà qui s'écrie en hochant la tête :

« Vieux burg!... Vieux burg!... Tu as beau te carrer sur ta base!...
Encore trois ans, et tu auras cessé d'exister, puisque ton hêtre n'a
plus que trois branches! »

Ce hêtre, planté à l'extrémité de l'un des bastions du burg,
s'appliquait en noir sur le fond du ciel comme une fine découpure de
papier, et c'est à peine s'il eût été visible pour tout autre que Frik à
cette distance. Quant à l'explication de ces paroles du berger, qui
étaient provoquées par une légende relative au château, elle sera
donnée en son temps.

« Oui! répéta-t-il, trois branches... Il y en avait quatre hier, mais
la quatrième est tombée cette nuit... Il n'en reste que le moignon...
Je n'en compte plus que trois à l'enfourchure... Plus que trois,
vieux burg... plus que trois! »

Lorsqu'on prend un berger par son côté idéal, l'imagination en fait
volontiers un être rêveur et contemplatif; il s'entretient avec les pla-
nètes; il confère avec les étoiles; il lit dans le ciel. Au vrai, c'est généralement une brute ignorante et bouchée. Pourtant la crédulité publique lui attribue aisément le don du surnaturel; il possède des
maléfices; suivant son humeur, il conjure les sorts ou les jette aux
gens et aux bêtes — ce qui est tout un dans ce cas; il vend des
poudres sympathiques; on lui achète des philtres et des formules.
Ne va-t-il pas jusqu'à rendre les sillons stériles, en y lançant des
pierres enchantées, et les brebis infécondes rien qu'en les regardant de l'œil gauche? Ces superstitions sont de tous les temps et de
tous les pays. Même au milieu des campagnes plus civilisées, on ne
passe pas devant un berger, sans lui adresser quelque parole ami-
cale, quelque bonjour significatif, en le saluant du nom de « pasteur »
auquel il tient. Un coup de chapeau, cela permet d'échapper aux

malignes influences, et sur les chemins de la Transylvanie, on ne s'y épargne pas plus qu'ailleurs.

Frik était regardé comme un sorcier, un évocateur d'apparitions fantastiques A entendre celui-ci, les vampires et les stryges lui obéissaient, à en croire celui-la, on le rencontrait, au déclin de la lune, par les nuits sombres, comme on voit en d'autres contrées le grand bissexte, achevalé sur la vanne des moulins, causant avec les loups ou rêvant aux étoiles

Frik laissait dire, y trouvant profit Il vendait des charmes et des contre-charmes Mais, observation à noter, il était lui-même aussi crédule que sa clientele, et s'il ne croyait pas à ses propres sortilèges, du moins ajoutait il foi aux légendes qui couraient le pays.

On ne s'étonnera donc pas qu'il eût tiré ce pronostic relatif à la disparition prochaine du vieux burg, puisque le hêtre était réduit à trois branches, ni qu'il eût hâte d'en porter la nouvelle à Werst

Après avoir rassemblé son troupeau en beuglant à pleins poumons à travers un long bouquin de bois blanc, Frik reprit le chemin du village Ses chiens le suivaient harcelant les bêtes — deux demi-griffons bâtards, hargneux et féroces, qui semblaient plutôt propres a dévorer des moutons qu'a les garder. Il y avait là une centaine de béliers et de brebis, dont une douzaine d'antenais de première année, le reste en animaux de troisieme et de quatrieme annee, soit de quatre et de six dents

Ce troupeau appartenait au juge de Werst, le biró Koltz, lequel payait à la commune un gros droit de brebiage, et qui appreciait fort son pâtour Frik, le sachant tres habile à la tonte, et très entendu au traitement des maladies, muguet, affilée, avertin, douve, encaussement, falere, claveléc, piétin, rabuze et autres affections d'origine pécuaire

Le troupeau marchait en masse compacte, le sonnailler devant, et, près de lui, la brebis birane, faisant tinter leur clarine au milieu des bêlements

Au sortir de la pâture, Frik prit un large sentier, bordant de vastes champs. Là ondulaient les magnifiques épis d'un blé très haut sur tige, très long de chaume; là s'étendaient quelques plantations de ce « koukouroutz », qui est le maïs du pays. Le chemin conduisait à la lisière d'une forêt de pins et de sapins, aux dessous frais et sombres. Plus bas, la Sil promenait son cours lumineux, filtré par le cailloutis du fond, et sur lequel flottaient les billes de bois débitées par les scieries de l'amont.

Chiens et moutons s'arrêtèrent sur la rive droite de la rivière et se mirent à boire avidement au ras de la berge, en remuant le fouillis des roseaux.

Werst n'était plus qu'à trois portées de fusil, au delà d'une épaisse saulaie, formée de francs arbres et non de ces têtards rabougris, qui touffent à quelques pieds au-dessus de leurs racines. Cette saulaie se développait jusqu'aux pentes du col de Vulkan, dont le village, qui porte ce nom, occupe une saillie sur le versant méridional des massifs du Plesa.

La campagne était déserte à cette heure. C'est seulement à la nuit tombante que les gens de culture regagnent leur foyer, et Frik n'avait pu, chemin faisant, échanger le bonjour traditionnel. Son troupeau désaltéré, il allait s'engager entre les plis de la vallée, lorsqu'un homme apparut au tournant de la Sil, une cinquantaine de pas en aval.

« Eh! l'ami! » cria-t-il au pâtour.

C'était un de ces forains qui courent les marchés du comitat. On les rencontre dans les villes, dans les bourgades, jusque dans les plus modestes villages. Se faire comprendre n'est point pour les embarrasser : ils parlent toutes les langues. Celui-ci était-il italien, saxon ou valaque? Personne n'eût pu le dire; mais il était juif, juif polonais, grand, maigre, nez busqué, barbe en pointe, front bombé, yeux très vifs.

Ce colporteur vendait des lunettes, des thermomètres, des baromètres et de petites horloges. Ce qui n'était pas renfermé dans la balle assujettie par de fortes bretelles sur ses épaules, lui pendait

Après avoir rassemblé son troupeau. (Page 6.)

au cou et à la ceinture : un véritable brelandinier, quelque chose comme un étalagiste ambulant.

Probablement ce juif avait le respect et peut-être la crainte salutaire qu'inspirent les bergers. Aussi salua-t-il Frik de la main. Puis, dans cette langue roumaine, qui est formée du latin et du slave, il dit avec un accent étranger :

« Cela va-t-il comme vous voulez, l'ami ?

« On dirait une fumée. » (Page 15.)

— Oui... suivant le temps, répondit Frik.

— Alors vous allez bien aujourd'hui, car il fait beau.

— Et j'irai mal demain, car il pleuvra.

— Il pleuvra?... s'écria le colporteur. Il pleut donc sans nuages dans votre pays?

— Les nuages viendront cette nuit... et de là-bas... du mauvais côté de la montagne.

— A quoi voyez-vous cela?

— A la laine de mes moutons, qui est rêche et sèche comme un cuir tanné

— Alors ce sera tant pis pour ceux qui arpentent les grandes routes .

— Et tant mieux pour ceux qui seront restés sur la porte de leur maison.

— Encore faut-il posséder une maison, pasteur

— Avez-vous des enfants ? dit Frik.

— Non

— Etes-vous marié?

— Non »

Et Frik demandait cela parce que, dans le pays, c'est l'habitude de le demander à ceux que l'on rencontre

Puis, il reprit ·

« D'ou venez-vous, colporteur? .

— D Hermanstadt. »

Hermanstadt est une des principales bourgades de la Transylvanie. En la quittant, on trouve la vallée de la Sil hongroise, qui descend jusqu'au bourg de Petroseny

« Et vous allez? .

— A Kolosvar »

Pour arriver à Kolosvar, il suffit de remonter dans la direction de la vallée du Maros, puis, par Karlsburg, en suivant les premieres assises des monts de Bihar, on atteint la capitale du comitat Un chemin d'une vingtaine de milles[1] au plus

En vérité, ces marchands de thermomètres baromètres et patraques, évoquent toujours l'idée d'êtres à part, d'une allure quelque peu hoffmanesque Cela tient a leur métier Ils vendent le temps sous toutes ses formes, celui qui s'écoule, celui qu'il fait, celui qu'il fera, comme d'autres porteballes vendent des paniers, des tr<

---

1 Environ 150 kilomètres.

cots ou des cotonnades. On dirait qu'ils sont les commis-voyageurs
de la Maison Saturne et Cie, à l'enseigne du *Sablier d'or*. Et, sans
doute, ce fut l'effet que le juif produisit sur Frik, lequel regardait,
non sans étonnement, cet étalage d'objets, nouveaux pour lui, dont
il ne connaissait pas la destination.

« Eh ! colporteur, demanda-t-il en allongeant le bras, à quoi sert
ce bric-à-brac, qui cliquète à votre ceinture comme les os d'un vieux
pendu ?

— Ça, c'est des choses de valeur, répondit le forain, des choses
utiles à tout le monde.

— A tout le monde, s'écria Frik, en clignant de l'œil, — même à
des bergers ?...

— Même à des bergers.

— Et cette mécanique ?...

— Cette mécanique, répondit le juif en faisant sautiller un ther-
momètre entre ses mains, elle vous apprend s'il fait chaud ou s'il fait
froid.

— Eh ! l'ami, je le sais de reste, quand je sue sous mon sayon, ou
quand je grelotte sous ma houppelande. »

Évidemment, cela devait suffire à un pâtour, qui ne s'inquiétait
guère des pourquoi de la science.

« Et cette grosse patraque avec son aiguille ? reprit-il en désignant
un baromètre anéroïde.

— Ce n'est point une patraque, c'est un instrument qui vous dit
s'il fera beau demain ou s'il pleuvra...

— Vrai ?...

— Vrai.

— Bon ! répliqua Frik, je n'en voudrais point, quand ça ne coûterait
qu'un kreutzer. Rien qu'à voir les nuages traîner dans la montagne
ou courir au-dessus des plus hauts pics, est-ce que je ne sais pas le
temps vingt-quatre heures à l'avance ? Tenez, vous voyez cette bru-
maille qui semble sourdre du sol ?... Eh bien, je vous l'ai dit, c'est de
l'eau pour demain. »

En réalité, le berger Frik, grand observateur du temps, pouvait se passer d'un baromètre.

« Je ne vous demanderai pas s'il vous faut une horloge? reprit le colporteur.

— Une horloge?... J'en ai une qui marche toute seule, et qui se balance sur ma tête. C'est le soleil de là-haut. Voyez-vous, l'ami, lorsqu'il s'arrête sur la pointe du Rodük, c'est qu'il est midi, et lorsqu'il regarde à travers le trou d'Egelt, c'est qu'il est six heures. Mes moutons le savent aussi bien que moi, mes chiens comme mes moutons. Gardez donc vos patraques.

— Allons, répondit le colporteur, si je n'avais pas d'autres clients que les pâtours, j'aurais de la peine à faire fortune ! Ainsi, vous n'avez besoin de rien?...

— Pas même de rien. »

Du reste, toute cette marchandise à bas prix était de fabrication très médiocre, les baromètres ne s'accordant pas sur le variable ou le beau fixe, les aiguilles des horloges marquant des heures trop longues ou des minutes trop courtes — enfin de la pure camelote. Le berger s'en doutait peut-être et n'inclinait guère à se poser en acheteur. Toutefois, au moment où il allait reprendre son bâton, le voilà qui secoue une sorte de tube, suspendu à la bretelle du colporteur, en disant :

« A quoi sert ce tuyau que vous avez là?...

— Ce tuyau n'est pas un tuyau.

— Est-ce donc un gueulard? »

Et le berger entendait par là une sorte de vieux pistolet à canon évasé.

« Non, dit le juif, c'est une lunette. »

C'était une de ces lunettes communes, qui grossissent cinq à six fois les objets, ou les rapprochent d'autant, ce qui produit le même résultat.

Frik avait détaché l'instrument, il le regardait, il le maniait, il le retournait bout pour bout, il en faisait glisser l'un sur l'autre les cylindres.

Puis, hochant la tête :

« Une lunette ? dit-il.

— Oui, pasteur, une fameuse encore, et qui vous allonge joliment la vue.

— Oh ! j'ai de bons yeux, l'ami. Quand le temps est clair, j'aperçois les dernières roches jusqu'à la tête du Retyezat, et les derniers arbres au fond des défilés du Vulkan.

— Sans cligner ?...

— Sans cligner. C'est la rosée qui me vaut ça, lorsque je dors du soir au matin à la belle étoile. Voilà qui vous nettoie proprement la prunelle.

— Quoi... la rosée ? répondit le colporteur. Elle rendrait plutôt aveugle...

— Pas les bergers.

— Soit ! Mais si vous avez de bons yeux, les miens sont encore meilleurs, lorsque je les mets au bout de ma lunette.

— Ce serait à voir.

— Voyez en y mettant les vôtres...

— Moi ?...

— Essayez.

— Ça ne me coûtera rien ? demanda Frik, très méfiant de sa nature.

— Rien... à moins que vous ne vous décidiez à m'acheter la mécanique. »

Bien rassuré à cet égard, Frik prit la lunette, dont les tubes furent ajustés par le colporteur. Puis, ayant fermé l'œil gauche, il appliqua l'oculaire à son œil droit.

Tout d'abord, il regarda dans la direction du col de Vulkan, en remontant vers le Plesa. Cela fait, il abaissa l'instrument, et le braqua vers le village de Werst.

« Eh ! eh ! dit-il, c'est pourtant vrai... Ça porte plus loin que mes yeux... Voilà la grande rue... Je reconnais les gens... Tiens, Nic Deck, le forestier, qui revient de sa tournée, le havresac au dos, le fusil sur l'épaule...

— Quand je vous le disais ! fit observer le colporteur

— Oui... oui . c'est bien Nic ! reprit le berger Et quelle est la fille qui sort de la maison de maitre Koltz, en jupe rouge et en corsage noir, comme pour aller au-devant de lui ? ..

— Regardez, pasteur, vous reconnaîtrez la fille aussi bien que le garçon

— Eh ! oui !.. c'est Miriota . la belle Miriota ! . Ah ! les amoureux les amoureux ! . Cette fois, ils n'ont qu'à se tenir, car, moi, je les tiens au bout de mon tuyau, et je ne perds pas une de leurs mignasses !

— Que dites-vous de ma machine?

— Eh ! eh ! . qu'elle fait voir au loin ! »

Pour que Frik en fût à n'avoir jamais auparavant regardé à travers une lunette, il fallait que le village de Werst méritât d'être rangé parmi les plus arriérés du comitat de Klausenburg Et cela était, on le verra bientôt.

« Allons, pasteur, reprit le forain, visez encore et plus loin que Werst . Le village est trop près de nous . Visez au dela, bien au dela, vous dis-je !.

— Et ça ne me coûtera pas davantage ?

— Pas davantage

— Bon ! . Je cherche du côté de la Sil hongroise ! . Oui .. voilà le clocher de Livadzel Je le reconnais à sa croix qui est manchotte d'un bras Et, au delà, dans la vallée, entre les sapins, j'aperçois le clocher de Petroseny, avec son coq de fer-blanc, dont le bec est ouvert, comme s'il allait appeler ses poulettes ! . Et la-bas, cette tour qui pointe au milieu des arbres Ce doit être la tour de Petrilla Mais, j'y pense, colporteur, attendez donc, puisque c'est toujours le même prix

— Toujours, pasteur »

Frik venait de se tourner vers le plateau d'Orgall, puis, du bout de la lunette, il suivait le rideau des forêts assombries sur les pentes du Plesa, et le champ de l'objectif encadra la lointaine silhouette du burg.

« Oui ! s'écria-t-il, la quatrième branche est à terre... J'avais bien vu !... Et personne n'ira la ramasser pour en faire une belle flambaison de la Saint Jean... Non, personne... pas même moi !... Ce serait risquer son corps et son âme... Mais ne vous mettez point en peine !... Il y a quelqu'un qui saura bien la fourrer, cette nuit, au milieu de son feu d'enfer... C'est le Chort ! »

Le Chort, ainsi s'appelle le diable, quand il est évoqué dans les conversations du pays.

Peut-être le juif allait-il demander l'explication de ces paroles incompréhensibles pour qui n'était pas du village de Werst ou des environs, lorsque Frik s'écria, d'une voix où l'effroi se mêlait à la surprise :

» Qu'est-ce donc, cette brume qui s'échappe du donjon ?... Est-ce une brume ?... Non !... On dirait une fumée... Ce n'est pas possible !... Depuis des années et des années, les cheminées du burg ne fument plus !

— Si vous voyez de la fumée là bas, pasteur, c'est qu'il y a de la fumée.

— Non... colporteur, non !... C'est le verre de votre machine qui se brouille.

— Essuyez-le.

— Et quand je l'essuierais... »

Frik retourna sa lunette, et, après en avoir frotté les verres avec sa manche, il la remit à son œil.

C'était bien une fumée qui se déroulait à la pointe du donjon. Elle montait droit dans l'air calme, et son panache se confondait avec les hautes vapeurs.

Frik, immobile, ne parlait plus. Toute son attention se concentrait sur le burg que l'ombre ascendante commençait à gagner au niveau du plateau d'Orgall.

Soudain, il rabaissa la lunette, et, portant la main au bissac qui pendait sous son sayon :

« Combien votre tuyau? demanda-t-il.

— Un florin et demi[1], » répondit le colporteur.

Et il aurait cédé sa lunette même au prix d'un florin, pour peu que Frik eût manifesté l'intention de la marchander. Mais le berger ne broncha pas. Visiblement sous l'empire d'une stupéfaction aussi brusque qu'inexplicable, il plongea la main au fond de son bissac, et en retira l'argent.

« C'est pour votre compte que vous achetez cette lunette? demanda le colporteur.

— Non... pour mon maître, le juge Koltz.

— Alors il vous remboursera...

— Oui... les deux florins qu'elle me coûte...

— Comment... les deux florins?...

— Eh! sans doute!... Là-dessus, bonsoir, l'ami.

— Bonsoir, pasteur. »

Et Frik, sifflant ses chiens, poussant son troupeau, remonta rapidement dans la direction de Werst.

Le juif, le regardant s'en aller, hocha la tête, comme s'il avait eu à faire à quelque fou :

« Si j'avais su, murmura-t-il, je la lui aurais vendue plus cher, ma lunette ! »

Puis, quand il eut rajusté son étalage à sa ceinture et sur ses épaules, il prit la direction de Karlsburg, en redescendant la rive droite de la Sil.

Où allait-il? Peu importe. Il ne fait que passer dans ce récit. On ne le reverra plus.

1. Environ 3 fr. 60.

II

Qu'il s'agisse de roches entassées par la nature aux époques géologiques, après les dernières convulsions du sol, ou de constructions dues à la main de l'homme, sur lesquelles a passé le souffle du temps, l'aspect est à peu près semblable, lorsqu'on les observe à quelques milles de distance. Ce qui est pierre brute et ce qui a été pierre travaillée, tout cela se confond aisément. De loin, même couleur, mêmes linéaments, mêmes déviations des lignes dans la perspective, même uniformité de teinte sous la patine grisâtre des siècles.

Il en était ainsi du burg, — autrement dit du château des Carpathes. En reconnaitre les formes indécises sur ce plateau d'Orgall, qu'il couronne à la gauche du col de Vulkan, n'eût pas été possible. Il ne se détache point en relief de l'arrière-plan des montagnes. Ce que l'on est tenté de prendre pour un donjon n'est peut-être qu'un morne pierreux. Qui le regarde croit apercevoir les créneaux d'une courtine, où il n'y a peut-être qu'une crête rocheuse. Cet ensemble est vague, flottant, incertain. Aussi, à en croire divers touristes, le château des Carpathes n'existe-t-il que dans l'imagination des gens du comitat.

Évidemment, le moyen le plus simple de s'en assurer serait de faire prix avec un guide de Vulkan ou de Werst, de remonter le défilé, de gravir la croupe, de visiter l'ensemble de ces constructions. Seulement, un guide, c'est encore moins commode à trouver que le chemin qui mène au burg En ce pays des deux Sils, personne ne consentirait à conduire un voyageur, et pour n'importe quelle rémunération, au château des Carpathes

Quoi qu'il en soit, voici ce qu'on aurait pu apercevoir de cette antique demeure dans le champ d'une lunette, plus puissante et mieux centrée que l'instrument de pacotille, acheté par le berger Frik pour le compte de maître Koltz ·

A huit ou neuf cents pieds en arrière du col de Vulkan, une enceinte, couleur de grès, lambrissée d'un fouillis de plantes lapidaires, et qui s'arrondit sur une périphérie de quatre à cinq cents toises, en épousant les dénivellations du plateau, à chaque extrémité, deux bastions d'angle, dont celui de droite, sur lequel poussait le fameux hêtre, est encore surmonté d'une maigre échauguette ou guérite à toit pointu, à gauche, quelques pans de murs étayés de contreforts ajourés, supportant le campanile d'une chapelle, dont la cloche fêlée se met en branle par les fortes bourrasques au grand effroi des gens de la contrée, au milieu, enfin, couronné de sa plate-forme à créneaux, un lourd donjon, à trois rangs de fenêtres maillées de plomb, et dont le premier étage est entouré d'une terrasse circulaire, sur la plate-forme, une longue tige métallique, agrementée du virolet féodal, sorte de girouette soudee par la rouille, et qu'un dernier coup de galerne avait fixee au sud-est

Quant à ce que renfermait cette enceinte, rompue en maint endroit, s'il existait quelque bâtiment habitable à l'intérieur, si un pont-levis et une poterne permettaient d'y pénétrer, on l'ignorait depuis nombre d'années En réalité, bien que le château des Carpathes fût mieux conservé qu'il n'en avait l'air, une contagieuse épouvante, doublée de superstition, le protegeait non moins que l'avaient pu faire autrefois ses basilics, ses sautereaux, ses bombardes, ses coulevrines, ses tonnoires et autres engins d'artillerie des vieux siècles

Et pourtant, le château des Carpathes eût valu la peine d'être vi-

sité par les touristes et les antiquaires. Sa situation, à la crête du
plateau d'Orgall, est exceptionnellement belle. De la plate-forme supérieure du donjon, la vue s'étend jusqu'à l'extrême limite des montagnes. En arrière ondule la haute chaine, si capricieusement ramifiée,
qui marque la frontière de la Valachie. En avant se creuse le sinueux
défilé de Vulkan, seule route praticable entre les provinces limitro-
phes. Au delà de la vallée des deux Sils, surgissent les bourgs de
Livadzel, de Lonyai, de Petroseny, de Petrilla, groupés à l'orifice des
puits qui servent à l'exploitation de ce riche bassin houiller. Puis, aux
derniers plans, c'est un admirable chevauchement de croupes, boisées
à leur base, verdoyantes à leurs flancs, arides à leurs cimes, que
dominent les sommets abrupts du Retyezat et du Paring [1]. Enfin,
plus loin que la vallée du Hatszeg et le cours du Maros, apparaissent
les lointains profils, noyés de brumes, des Alpes de la Transylvanie
centrale.

Au fond de cet entonnoir, la dépression du sol formait autrefois
un lac, dans lequel s'absorbaient les deux Sils, avant d'avoir trouvé
passage à travers la chaine. Maintenant, cette dépression n'est plus
qu'un charbonnage avec ses inconvénients et ses avantages; les
hautes cheminées de brique se mêlent aux ramures des peupliers,
des sapins et des hêtres; les fumées noirâtres vicient l'air, saturé
jadis du parfum des arbres fruitiers et des fleurs. Toutefois, à
l'époque où se passe cette histoire, bien que l'industrie tienne ce
district minier sous sa main de fer, il n'a rien perdu du caractère
sauvage qu'il doit à la nature.

Le château des Carpathes date du XIIᵉ ou du XIIIᵉ siècle. En
ce temps-là, sous la domination des chefs ou voïvodes, monastères,
églises, palais, châteaux, se fortifiaient avec autant de soin que les
bourgades ou les villages. Seigneurs et paysans avaient à se garantir contre des agressions de toutes sortes. Cet état de choses
explique pourquoi l'antique courtine du burg, ses bastions et son

1. Le Retyezat s'élève à une hauteur de 2496 mètres, et le Paring à une hauteur de
2414 mètres au-dessus du niveau de la mer.

donjon lui donnent l'aspect d'une construction féodale, prête à la dé-
fensive Quel architecte l'a édifié sur ce plateau, à cette hauteur ? On
l'ignore, et cet audacieux artiste est inconnu, à moins que ce soit
le roumain Manoli, si glorieusement chanté dans les légendes valaques, et qui bâtit à Curté d'Argis le célèbre château de Rodolphe
le Noir.

Qu'il y ait des doutes sur l'architecte, il n'y en a aucun sur la famille
qui possédait ce burg Les barons de Gortz étaient seigneurs du pays
depuis un temps immémorial Ils furent mêlés à toutes ces guerres
qui ensanglantèrent les provinces transylvaines, ils luttèrent contre
les Hongrois, les Saxons, les Szeklers, leur nom figure dans les
« cantices », les « doïnes », où se perpétue le souvenir de ces désas-
treuses périodes ; ils avaient pour devise le fameux proverbe valaque ·
Da pe maorte, « donne jusqu'à la mort ! » et ils donnèrent, ils répan-
dirent leur sang pour la cause de l'indépendance, — ce sang qui
leur venait des Romains, leurs ancêtres

On le sait, tant d'efforts, de dévouement, de sacrifices, n'ont abouti
qu'à réduire à la plus indigne oppression les descendants de cette
vaillante race Elle n'a plus d'existence politique Trois talons l'ont
écrasée Mais ils ne désespèrent pas de secouer le joug, ces Valaques
de la Transylvanie. L'avenir leur appartient, et c'est avec une confiance inébranlable qu'ils répètent ces mots, dans lequel se concen-
trent toutes leurs aspirations : *Rôman on péré!* « le Roumain ne
saurait périr ! »

Vers le milieu du XIXᵉ siècle, le dernier représentant des seigneurs
de Gortz était le baron Rodolphe Né au château des Carpathes, il
avait vu sa famille s'éteindre autour de lui pendant les premiers
temps de sa jeunesse. A vingt-deux ans, il se trouva seul au monde
Tous les siens étaient tombés d'année en année, comme ces branches
du hêtre séculaire, auquel la superstition populaire rattachait l'existence même du burg. Sans parents, on peut même dire sans amis,
que ferait le baron Rodolphe pour occuper les loisirs de cette mono-
.tone solitude que la mort avait faite autour de lui? Quels étaient

ses goûts, ses instincts, ses aptitudes? On ne lui en reconnaissait
guère, si ce n'est une irrésistible passion pour la musique, surtout
pour le chant des grands artistes de cette époque. Dès lors, abandonnant le château, déjà fort délabré, aux soins de quelques vieux
serviteurs, un jour il disparut. Et, ce qu'on apprit plus tard, c'est
qu'il consacrait sa fortune, qui était assez considérable, à parcourir
les principaux centres lyriques de l'Europe, les théâtres de l'Allemagne, de la France, de l'Italie, où il pouvait satisfaire à ses insa-
tiables fantaisies de dilettante. Était-ce un excentrique, pour ne pas
dire un maniaque? La bizarrerie de son existence donnait lieu de
le croire.

Cependant, le souvenir du pays était resté profondément gravé
dans le cœur du jeune baron de Gortz. Il n'avait pas oublié la patrie
transylvaine au cours de ses lointaines pérégrinations. Aussi,
revint-il prendre part à l'une des sanglantes révoltes des paysans
roumains contre l'oppression hongroise.

Les descendants des anciens Daces furent vaincus, et leur terri-
toire échut en partage aux vainqueurs.

C'est à la suite de cette défaite que le baron Rodolphe quitta
définitivement le château des Carpathes, dont certaines parties
tombaient déjà en ruines. La mort ne tarda pas à priver le burg
de ses derniers serviteurs, et il fut totalement délaissé. Quant au
baron de Gortz, le bruit courut qu'il s'était patriotiquement joint au
fameux Rosza Sandor, un ancien détrousseur de grande route,
dont la guerre de l'indépendance avait fait un héros de drame.
Par bonheur pour lui, après l'issue de la lutte, Rodolphe de Gortz
s'était séparé de la bande du compromettant « betyar », et il fit sage-
ment, car l'ancien brigand, redevenu chef de voleurs, finit par
tomber entre les mains de la police, qui se contenta de l'enfermer
dans la prison de Szamos-Uyvar.

Néanmoins, une version fut généralement admise chez les gens
du comitat : à savoir que le baron Rodolphe avait été tué pendant une rencontre de Rosza Sandor avec les douaniers de la fron-

tière. Il n'en était rien, bien que le baron de Gortz ne se fût jamais
remontré au burg depuis cette époque, et que sa mort ne fît doute
pour personne Mais il est prudent de n'accepter que sous réserve
les on-dit de cette crédule population

Château abandonné, château hanté, château visionné. Les vives et
ardentes imaginations l'ont bientôt peuple de fantômes, les revenants y apparaissent, les esprits y reviennent aux heures de la nuit
Ainsi se passent encore les choses au milieu de certaines contrées
superstitieuses de l'Europe, et la Transylvanie peut prétendre au
premier rang parmi elles.

Du reste, comment ce village de Werst eût-il pu rompre avec
les croyances au surnaturel? Le pope et le magister, celui-ci chargé
de l'éducation des enfants, celui-là dirigeant la religion des fidèles,
enseignaient ces fables d'autant plus franchement qu'ils y croyaient
bel et bien Ils affirmaient, « avec preuves à l'appui », que les loups-
garous courent la campagne, que les vampires, appeles stryges,
parce qu'ils poussent des cris de strygies, s'abreuvent de sang
humain, que les « staffii » errent à travers les ruines et deviennent
malfaisants, si on oublie de leur porter chaque soir le boire et le
manger Il y a des fées, des « babes », qu'il faut se garder de rencontrer le mardi ou le vendredi, les deux plus mauvais jours de la
semaine. Aventurez-vous donc dans les profondeurs de ces forêts du
comitat, forêts enchantees, où se cachent les « balauri », ces dragons
gigantesques, dont les mâchoires se distendent jusqu'aux nuages,
les « zmei » aux ailes demesurées, qui enlèvent les filles de sang
royal et même celles de moindre lignée, lorsqu'elles sont jolies!
Voilà nombre de monstres redoutables, semble-t-il, et quel est le
bon génie que leur oppose l'imagination populaire? Nul autre que
le « serpi de casa », le serpent du foyer domestique, qui vit fami-
lièrement au fond de l'âtre, et dont le paysan achète l'influence salutaire en le nourrissant de son meilleur lait.

Or, si jamais burg fut aménagé pour servir de refuge aux hôtes
de cette mythologie roumaine, n'est-ce pas le château des Carpathes?

.

CELA S'APPRENAIT A L'ÉCOLE DU MAGISTER HERMOD. (Page 23.)

3

Sur ce plateau isolé, qui est inaccessible, excepté par la gauche du
col de Vulkan, il n'était pas douteux qu'il abritât des dragons, des fées,
des stryges, peut-être aussi quelques revenants de la famille des barons de Gortz. De là une réputation de mauvais aloi, très justifiée,
disait-on. Quant à se hasarder à le visiter, personne n'y eût songé. Il
répandait autour de lui une épouvante épidémique, comme un marais
insalubre répand des miasmes pestilentiels. Rien qu'à s'en rapprocher d'un quart de mille, c'eût été risquer sa vie en ce monde et
son salut dans l'autre. Cela s'apprenait couramment à l'école du magister Hermod.

Toutefois, cet état de choses devait prendre fin, dès qu'il ne reste-
rait plus une pierre de l'antique forteresse des barons de Gortz. Et
c'est ici qu'intervenait la légende.

D'après les plus autorisés notables de Werst, l'existence du burg
était liée à celle du vieux hêtre, dont la ramure grimaçait sur le
bastion d'angle, situé à droite de la courtine.

Depuis le départ de Rodolphe de Gortz, — les gens du village,
et plus particulièrement le pâtour Frik, l'avaient observé, — ce hêtre
perdait chaque année une de ses maîtresses branches. On en comptait dix-huit à son enfourchure, lorsque le baron Rodolphe fut aperçu
pour la dernière fois sur la plate-forme du donjon, et l'arbre n'en
avait plus que trois pour le présent. Or, chaque branche tombée,
c'était une année de retranchée à l'existence du burg. La chute
de la dernière amènerait son anéantissement définitif. Et alors, sur
le plateau d'Orgall, on chercherait vainement les restes du château
des Carpathes.

En réalité, ce n'était là qu'une de ces légendes qui prennent
volontiers naissance dans les imaginations roumaines. Et, d'abord, ce
vieux hêtre s'amputait-il chaque année d'une de ses branches? Cela
n'était rien moins que prouvé, bien que Frik n'hésitât pas à l'affirmer, lui qui ne le perdait pas de vue pendant que son troupeau
paissait les pâtis de la Sil. Néanmoins, et quoique Frik fût sujet
à caution, pour le dernier paysan comme pour le premier ma-

gistrat de Werst, nul doute que le burg n'eût plus que trois ans à vivie, puisqu'on ne comptait plus que trois branches au « hêtre tutélaire »

Le berger s'était donc mis en mesure de reprendre le chemin du village pour y rapporter cette grosse nouvelle, loisque se produisit l'incident de la lunette

Grosse nouvelle, tres grosse en effet ! Une fumée est apparue au faite du donjon .. Ce que ses yeux n'auraient pu apercevoir, Frik l'a distinctement vu avec l'instrument du colporteur . Ce n'est point une vapeur, c'est une fumée qui va se confondre avec les nuages . Et pourtant, le burg est abandonné .. Depuis bien longtemps, personne n'a franchi sa poterne qui est fermée sans doute, ni le pont-levis qui est certainement relevé. S'il est habité, il ne peut l'être que par des êtres surnaturels .. Mais à quel propos des esprits auraient-ils fait du feu dans un des appartements du donjon?. . Est-ce un feu de chambre, est ce un feu de cuisine?... Voilà qui est véritablement inexplicable

Frik hâtait ses bêtes vers leur étable A sa voix, les chiens harcelaient le troupeau sur le chemin montant, dont la poussière se rabattait avec l'humidité du soir

Quelques paysans, attardés aux cultures, le saluèrent en passant, et c'est à peine s'il répondit à leur politesse De là, réelle inquiétude, car, si l'on veut éviter les maléfices, il ne suffit pas de donner le bonjour au berger, il faut encore qu'il vous le rende Mais Frik y paraissait peu enclin avec ses yeux hagards, son attitude singulière, ses gestes désordonnés Les loups et les ours lui auraient enlevé la moitié de ses moutons, qu'il n'aurait pas été plus défait. De quelle mauvaise nouvelle fallait-il qu'il fût porteur?

Le premier qui l'apprit fut le juge Koltz. Du plus loin qu'il l'aperçut Frik lui cria

« Le feu est au burg, notre maître !

— Que dis-tu là, Frik?

— Je dis ce qui est.

Frik tendit la lunette à maître Koltz. (Page 26.)

— Est-ce que tu es devenu fou ? »

En effet, comment un incendie pouvait-il s'attaquer à ce vieil amon-cellement de pierres ? Autant admettre que le Negoï, la plus haute cime des Carpathes, était dévoré par les flammes. Ce n'eût pas été plus absurde.

« Tu prétends, Frik, tu prétends que le burg brûle ?... répéta maître Koltz.

4

— S'il ne brûle pas, il fume.

— C'est quelque vapeur...

— Non, c'est une fumée... Venez voir. »

Et tous deux se dirigèrent vers le milieu de la grande rue du village, au bord d'une terrasse dominant les ravins du col, de laquelle on pouvait distinguer le château.

Une fois là, Frik tendit la lunette à maître Koltz.

Évidemment, l'usage de cet instrument ne lui était pas plus connu qu'à son berger.

« Qu'est-ce cela? dit-il.

— Une machine que je vous ai achetée deux florins, mon maître, et qui en vaut bien quatre !

— A qui?

— A un colporteur.

— Et pour quoi faire?

— Ajustez cela à votre œil, visez le burg en face, regardez, et vous verrez. »

Le juge braqua la lunette dans la direction du château et l'examina longuement.

Oui! c'était une fumée qui se dégageait de l'une des cheminées du donjon. En ce moment, déviée par la brise, elle rampait sur le flanc de la montagne.

« Une fumée! » répéta maître Koltz stupéfait.

Cependant, Frik et lui venaient d'être rejoints par Miriota et le forestier Nic Deck, qui étaient rentrés au logis depuis quelques instants.

« A quoi cela sert-il? demanda le jeune homme en prenant la lunette.

— A voir au loin, répondit le berger.

— Plaisantez-vous, Frik?

— Je plaisante si peu, forestier, qu'il y a une heure à peine, j'ai pu vous reconnaître, tandis que vous descendiez la route de Werst, vous et aussi ... »

Il n'acheva pas sa phrase. Miriota avait rougi en baissant ses jolis yeux. Au fait, pourtant, il n'est pas défendu à une honnête fille d'aller au-devant de son fiancé.

Elle et lui, l'un après l'autre, prirent la fameuse lunette et la dirigèrent vers le burg.

Entre temps, une demi-douzaine de voisins étaient arrivés sur la terrasse, et, s'étant enquis du fait, ils se servirent tour à tour de l'instrument.

« Une fumée ! une fumée au burg !... dit l'un.

— Peut-être le tonnerre est-il tombé sur le donjon?... fit observer l'autre.

— Est-ce qu'il a tonné?... demanda maitre Koltz, en s'adressant à Frik.

— Pas un coup depuis huit jours, » répondit le berger.

Et ces braves gens n'auraient pas été plus ahuris, si on leur eût dit qu'une bouche de cratère venait de s'ouvrir au sommet du Retyezat, pour livrer passage aux vapeurs souterraines.

III

Le village de Werst a si peu d'importance que la plupart des cartes n'en indiquent point la situation Dans le rang administratif, il est même au-dessous de son voisin, appelé Vulkan, du nom de la portion de ce massif de Plesa, sur lequel ils sont pittoresquement juchés tous les deux.

A l'heure actuelle, l'exploitation du bassin minier a donné un mouvement considérable d'affaires aux bourgades de Petroseny, de Livadzel et autres, distantes de quelques milles. Ni Vulkan ni Werst n'ont recueilli le moindre avantage de cette proximité d'un grand centre industriel, ce que ces villages étaient, il y a cinquante ans, ce qu'ils seront sans doute dans un demi-siecle, ils le sont a présent, et, suivant Élisée Reclus, une bonne moitié de la population de Vulkan ne se compose « que d'employes chargés de surveiller la frontiere, douaniers, gendarmes, commis du fisc et infirmiers de la quarantaine » Supprimez les gendarmes et les commis du fisc, ajoutez une proportion un peu plus forte de cultivateurs, et vous aurez la population de Werst, soit quatre à cinq centaines d'habitants

C'est une rue, ce village, rien qu'une large rue, dont les pentes brusques rendent la montée et la descente assez pénibles. Elle sert de chemin naturel entre la frontière valaque et la frontiere transylvaine Par là passent les troupeaux de bœufs, de moutons et de porcs, les

marchands de viande fraîche, de fruits et de céréales, les rares voyageurs qui s'aventurent par le défilé, au lieu de prendre les railways
de Kolosvar et de la vallée du Maros.

Certes, la nature a généreusement doté le bassin qui se creuse
entre les monts de Bihar, le Retyezat et le Paring. Riche par la ferti-
lité du sol, il l'est aussi de toute la fortune enfouie dans ses entrailles :
mines de sel gemme à Thorda, avec un rendement annuel de plus de
vingt mille tonnes; mont Parajd, mesurant sept kilomètres de
circonférence à son dôme, et qui est uniquement formé de chlorure
de sodium; mines de Torotzko, qui produisent le plomb, la galène,
le mercure, et surtout le fer, dont les gisements étaient exploités
dès le xᵉ siècle; mines de Vayda Hunyad, et leurs minerais qui se
transforment en acier de qualité supérieure; mines de houille, facilement exploitables sur les premières strates de ces vallées lacustres,
dans le district de Hatszeg, à Livadzel, à Petroseny, vaste poche
d'une contenance estimée à deux cent cinquante millions de tonnes;
enfin, mines d'or, au bourg d'Offenbanya, à Topanfalva, la région des
orpailleurs, où des myriades de moulins d'un outillage très simple
travaillent les sables du Verès-Patak, « le Pactole transylvain », et
exportent chaque année pour deux millions de francs du précieux
métal.

Voilà, semble-t-il, un district très favorisé de la nature, et pourtant
cette richesse ne profite guère au bien-être de sa population. Dans
tous les cas, si les centres plus importants, Torotzko, Petroseny,
Lonyai, possèdent quelques installations en rapport avec le confort
de l'industrie moderne, si ces bourgades ont des constructions régu-
lières, soumises à l'uniformité de l'équerre et du cordeau, des han-
gars, des magasins, de véritables cités ouvrières, si elles sont dotées
d'un certain nombre d'habitations à balcons et à vérandas, voilà ce
qu'il ne faudrait chercher ni au village de Vulkan, ni au village de
Werst.

Bien comptées, une soixantaine de maisons, irrégulièrement accrou-
pies sur l'unique rue, coiffées d'un capricieux toit dont le faîtage dé-

borde les murs de pisé, la façade vers le jardin, un grenier à lucarne
pour étage, une grange délabrée pour annexe, une étable toute de
guingois, couverte en paillis, çà et là un puits surmonté d'une po-
tence à laquelle pend une seille, deux ou trois mares qui « fuient »
pendant les orages, des ruisselets dont les ornières tortillées indiquent
le cours, tel est ce village de Werst, bâti sur les deux côtés de la rue,
entre les obliques talus du col. Mais tout cela est frais et attirant ; il y
a des fleurs aux portes et aux fenêtres, des rideaux de verdure qui
tapissent les murailles, des herbes échevelées qui se mêlent au vieil or
des chaumes, des peupliers, ormes, hêtres, sapins, érables, qui grim-
pent au-dessus des maisons « si haut qu'ils peuvent grimper ». Par
delà, l'échelonnement des assises intermédiaires de la chaîne, et, au
dernier plan, l'extrême cime des monts, bleuis par le lointain, se
confondent avec l'azur du ciel.

Ce n'est ni l'allemand ni le hongrois que l'on parle à Werst, non
plus qu'en toute cette portion de la Transylvanie : c'est le roumain
— même chez quelques familles tsiganes, établies plutôt que campées
dans les divers villages du comitat. Ces étrangers prennent la
langue du pays comme ils en prennent la religion. Ceux de Werst
forment une sorte de petit clan, sous l'autorité d'un voïvode, avec
leurs cabanes, leurs « barakas » à toit pointu, leurs légions d'enfants, bien différents par les mœurs et la régularité de leur existence
de ceux de leurs congénères qui errent à travers l'Europe. Ils suivent
même le rite grec, se conformant à la religion des chrétiens au milieu desquels ils se sont installés. En effet, Werst a pour chef reli-
gieux un pope, qui réside à Vulkan, et qui dessert les deux villages
séparés seulement d'un demi-mille.

La civilisation est comme l'air ou l'eau. Partout où un passage —
ne fût-ce qu'une fissure — lui est ouvert, elle pénètre et modifie
les conditions d'un pays. D'ailleurs, il faut le reconnaître, aucune
fissure ne s'était encore produite à travers cette portion méridionale
des Carpathes. Puisque Élisée Reclus a pu dire de Vulkan « qu'il est
le dernier poste de la civilisation dans la vallée de la Sil valaque »,

on ne s'étonnera pas que Werst fût l'un des plus arriérés villages
du comitat de Kolosvar. Comment en pourrait-il être autrement
dans ces endroits où chacun naît, grandit, meurt, sans les avoir
jamais quittés !

Et pourtant, fera-t-on observer, il y a un maître d'école et un juge
à Werst? Oui, sans doute. Mais le magister Hermod n'est capable d'en-
seigner que ce qu'il sait, c'est-à-dire un peu à lire, un peu à écrire,
un peu à compter. Son instruction personnelle ne va pas au delà. En
fait de science, d'histoire, de géographie, de littérature, il ne connait
que les chants populaires et les légendes du pays environnant. Là-
dessus, sa mémoire le sert avec une rare abondance. Il est très fort
en matière de fantastique, et les quelques écoliers du village tirent
grand profit de ses leçons.

Quant au juge, il convient de s'entendre sur cette qualification
donnée au premier magistrat de Werst.

Le biró, maître Koltz, était un petit homme de cinquante-cinq à
soixante ans, Roumain d'origine, les cheveux ras et grisonnants,
la moustache noire encore, les yeux plus doux que vifs. Solidement
bâti comme un montagnard, il portait le vaste feutre sur la tête, la
haute ceinture à boucle historiée sur le ventre, la veste sans manches
sur le torse, la culotte courte et demi-bouffante, engagée dans les
hautes bottes de cuir. Plutôt maire que juge, bien que ses fonctions
l'obligeassent à intervenir dans les multiples difficultés de voisin
à voisin, il s'occupait surtout d'administrer son village autoritaire-
ment et non sans quelque agrément pour sa bourse. En effet, toutes
les transactions, achats ou ventes, étaient frappées d'un droit à
son profit — sans parler de la taxe de péage que les étrangers,
touristes ou trafiquants, s'empressaient de verser dans sa poche.

Cette situation lucrative avait valu à maître Koltz une certaine
aisance. Si la plupart des paysans du comitat sont rongés par l'usure,
qui ne tardera pas à faire des prêteurs israélites les véritables propriétaires du sol, le biró avait su échapper à leur rapacité. Son bien,
libre d'hypothèques, « d'intabulations », comme on dit en cette con-

Une demi-douzaine de voisins étaient arrivés. (Page 27.)

trée, ne devait rien à personne. Il eût plutôt prêté qu'emprunté, et l'aurait certainement fait sans écorcher le pauvre monde. Il possédait plusieurs pâtis, de bons herbages pour ses troupeaux, des cultures assez convenablement entretenues, quoiqu'il fût réfractaire aux nouvelles méthodes, des vignes qui flattaient sa vanité, lorsqu'il se promenait le long des ceps chargés de grappes, et dont il vendait fructueusement la récolte — exception faite, et dans une

MIRIOTA KOLTZ.

proportion notable, de ce que nécessitait sa consommation particulière.

Il va sans dire que la maison de maître Koltz est la plus belle maison du village, à l'angle de la terrasse que traverse la longue rue montante. Une maison en pierre, s'il vous plaît, avec sa façade en retour sur le jardin, sa porte entre la troisième et la quatrième fenêtre, les festons de verdure qui ourlent le chéneau de leurs brin-

5

dilles chevelues, les deux grands hêtres dont la fourche se ramifie au-dessus de son chaume en fleurs. Derrière, un beau verger aligne ses plants de légumes en damier, et ses rangs d'arbres à fruits qui débordent sur le talus du col. A l'intérieur de la maison, il y a de belles pièces bien propres, les unes où l'on mange, les autres où l'on dort, avec leurs meubles peinturlurés, tables, lits, bancs et escabeaux, leurs dressoirs où brillent les pots et les plats, les poutrelles apparentes du plafond, d'où pendent des vases enrubannés et des étoffes aux vives couleurs, leurs lourds coffres recouverts de housses et de courtes-pointes, qui servent de bahuts et d'armoires; puis, aux murs blancs, les portraits violemment enluminés des patriotes roumains, — entre autres le populaire héros du xv⁰.siècle, le voïvode Vayda-Hunyad.

Voilà une charmante habitation, qui eût été trop grande pour un homme seul. Mais il n'était pas seul, maître Koltz. Veuf depuis une dizaine d'années, il avait une fille, la belle Miriota, très admirée de Werst jusqu'à Vulkan et même au delà. Elle aurait pu s'appeler d'un de ces bizarres noms païens, Florica, Daïna, Dauritia, qui sont fort en honneur dans les familles valaques. Non! c'était Miriota, c'est-à-dire « petite brebis ». Mais elle avait grandi, la petite brebis. C'était maintenant une gracieuse fille de vingt ans, blonde avec des yeux bruns, d'un regard très doux, charmante de traits et d'une agréable tournure. En vérité, il y avait de sérieuses raisons pour qu'elle parût on ne peut plus séduisante avec sa chemisette brodée de fil rouge au collet, aux poignets et aux épaules, sa jupe serrée par une ceinture à fermoirs d'argent, son « catrinza », double tablier à raies bleues et rouges, noué à sa taille, ses petites bottes en cuir jaune, le léger mouchoir jeté sur sa tête, le flottement de ses longs cheveux dont la natte est ornée d'un ruban ou d'une piécette de métal.

Oui! une belle fille, Miriota Koltz, et — ce qui ne gâte rien — riche pour ce village perdu au fond des Carpathes. Bonne ménagère?... Sans doute, puisqu'elle dirige intelligemment la maison de son père. Instruite?... Dame! à l'école du magister Hermod, elle a appris à lire,

à écrire, à calculer; et elle calcule, écrit, lit correctement, mais elle
n'a pas été poussée plus loin — et pour cause. En revanche, on ne
lui en remontrerait pas sur tout ce qui tient aux fables et aux sagas
transylvaines. Elle en sait autant que son maitre. Elle connait la
légende de Leany-Kö, le Rocher de la Vierge, où une jeune prin-
cesse quelque peu fantastique échappe aux poursuites des Tartares;
la légende de la grotte du Dragon, dans la vallée de la « Montée du
Roi »; la légende de la forteresse de Deva, qui fut construite « au
temps des Fées »; la légende de la Detunata, la « Frappée du tonnerre »,
cette célèbre montagne basaltique, semblable à un gigantesque
violon de pierre, et dont le diable joue pendant les nuits d'orage;
la légende du Retyezat avec sa cime rasée par une sorcière; la
légende du défilé de Thorda, que fendit d'un grand coup l'épée de
saint Ladislas. Nous avouerons que Miriota ajoutait foi à toutes ces
fictions, mais ce n'en était pas moins une charmante et aimable fille.

Bien des garçons du pays la trouvaient à leur gré, même sans trop
se rappeler qu'elle était l'unique héritière du biró, maître Koltz, le
premier magistrat de Werst. Inutile de la courtiser, d'ailleurs.
N'était-elle pas déjà fiancée à Nicolas Deck?

Un beau type de Roumain, ce Nicolas ou plutôt Nic Deck: vingt-
cinq ans, haute taille, constitution vigoureuse, tête fièrement portée,
chevelure noire que recouvre le kolpak blanc, regard franc, attitude
dégagée sous sa veste de peau d'agneau brodée aux coutures, bien
campé sur ses jambes fines, des jambes de cerf, un air de résolution
dans sa démarche et ses gestes. Il était forestier de son état, c'est-à-dire
presque autant militaire que civil. Comme il possédait quelques cultures dans les environs de Werst, il plaisait au père, et comme il se
présentait en gars aimable et de fière tournure, il ne déplaisait
point à la fille qu'il n'aurait pas fallu lui disputer ni même regarder de trop près. Au surplus, personne n'y songeait.

Le mariage de Nic Deck et de Miriota Koltz devait être célébré —
encore une quinzaine de jours, — vers le milieu du mois prochain. A
cette occasion, le village se mettrait en fête. Maître Koltz ferait con-

venablement les choses. Il n'était point avare. S'il aimait à gagner de
l'argent, il ne refusait pas de le dépenser à l'occasion. Puis, la céré-
monie achevée, Nic Deck élirait domicile dans la maison de famille
qui devait lui revenir après le biró, et lorsque Miriota le sentirait près
d'elle, peut-être n'aurait-elle plus peur, en entendant le gémissement
d'une porte ou le craquement d'un meuble durant les longues nuits
d'hiver, de voir apparaître quelque fantôme échappé de ses légendes
favorites.

Pour compléter la liste des notables de Werst, il convient d'en
citer deux encore, et non des moins importants, le magister et le
médecin.

Le magister Hermod était un gros homme à lunettes, cinquante-
cinq ans, ayant toujours entre les dents le tuyau courbe de sa pipe
à fourneau de porcelaine, cheveux rares et ébouriffés sur un crâne
aplati, face glabre avec un tic de la joue gauche. Sa grande
affaire était de tailler les plumes de ses élèves, auxquels il interdisait
l'usage des plumes de fer — par principe. Aussi, comme il en allongeait les becs avec son vieux canif bien aiguisé! Avec quelle précision, et en clignant de l'œil, il donnait le coup final pour en trancher
la pointe! Avant tout, une belle écriture; c'est à cela que tendaient
tous ses efforts, c'est à cela que devait pousser ses élèves un maître
soucieux de remplir sa mission. L'instruction ne venait qu'en seconde ligne — et l'on sait ce qu'enseignait le magister Hermod,
ce qu'apprenaient les générations de garçons et de fillettes sur les
bancs de son école!

Et maintenant, au tour du médecin Patak.

Comment, il y avait un médecin à Werst, et le village en était encore à croire aux choses surnaturelles?

Oui, mais il est nécessaire de s'entendre sur le titre que prenait le
médecin Patak, comme on l'a fait pour le titre que prenait le juge
Koltz.

Patak, petit homme, à gaster proéminent, gros et court, âgé de
quarante-cinq ans, faisait très ostensiblement de la médecine cou-

rante à Werst et dans les environs. Avec son aplomb imperturbable,
sa faconde étourdissante, il inspirait non moins de confiance que
le berger Frik — ce qui n'est pas peu dire. Il vendait des consul-
tations et des drogues, mais si inoffensives qu'elles n'empiraient pas
les bobos de ses clients, qui eussent guéri d'eux-mêmes. D'ailleurs,
on se porte bien au col de Vulkan; l'air y est de première qualité, les maladies épidémiques y sont inconnues, et si l'on y meurt,
c'est parce qu'il faut mourir, même en ce coin privilégié de la Transylvanie. Quant au docteur Patak — oui! on disait : docteur! — quoiqu'il
fût accepté comme tel, il n'avait aucune instruction, ni en médecine
ni en pharmacie, ni en rien. C'était simplement un ancien infirmier de la quarantaine, dont le rôle consistait à surveiller les voyageurs, retenus sur la frontière pour la patente de santé. Rien de plus.
Cela, paraît-il, suffisait à la population peu difficile de Werst. Il faut
ajouter — ce qui ne saurait surprendre — que le docteur Patak
était un esprit fort, comme il convient à quiconque s'occupe de soigner ses semblables. Aussi n'admettait-il aucune des superstitions
qui ont cours dans la région des Carpathes, pas même celles qui
concernaient le burg. Il en riait, il en plaisantait. Et, lorsqu'on
disait devant lui que personne n'avait osé s'approcher du château
depuis un temps immémorial :

« Il ne faudrait pas me défier d'aller rendre visite à votre vieille
cassine! » répétait-il à qui voulait l'entendre.

Mais, comme on ne l'en défiait pas, comme on se gardait même
de l'en défier, le docteur Patak n'y était point allé, et, la crédulité
aidant, le château des Carpathes était toujours enveloppé d'ur im-
pénétrable mystère.

IV

En quelques minutes, la nouvelle, rapportée par le berger se fut répandue dans le village. Maitre Koltz, ayant en main la précieuse lunette, venait de rentrer à la maison, suivi de Nic Deck et de Miriota. A ce moment, il n'y avait plus sur la terrasse que Frik, entouré d'une vingtaine d'hommes, femmes et enfants, auxquels s'étaient joints quelques Tsiganes, qui ne se montraient pas les moins émus de la population werstienne. On entourait Frik, on le pressait de questions, et le berger répondait avec cette superbe importance d'un homme qui vient de voir quelque chose de tout à fait extraordinaire.

« Oui! répétait-il, le burg fumait, il fume encore, et il fumera tant qu'il en restera pierre sur pierre! »

— Mais qui a pu allumer ce feu?... demanda une vieille femme, qui joignait les mains.

— Le Chort, répondit Frik, en donnant au diable le nom qu'il a en ce pays, et voilà un malin qui s'entend mieux à entretenir les feux qu'à les éteindre! »

Et, sur cette réplique, chacun de chercher à apercevoir la fumée sur la pointe du donjon. En fin de compte, la plupart affirmèrent qu'ils la distinguaient parfaitement, bien qu'elle fût parfaitement invisible à cette distance.

L'effet produit par ce singulier phénomène dépassa tout ce qu'on pourrait imaginer. Il est nécessaire d'insister sur ce point. Que le lecteur veuille bien se mettre dans une disposition d'esprit identique à celle des gens de Werst, et il ne s'étonnera plus des faits qui

vont être ultérieurement relatés. Je ne lui demande pas de croire
au surnaturel, mais de se rappeler que cette ignorante population y croyait sans réserve. A la défiance qu'inspirait le château
des Carpathes, alors qu'il passait pour être désert, allait désormais
se joindre l'épouvante, puisqu'il semblait habité, et par quels êtres,
grand Dieu !

Il y avait à Werst un lieu de réunion, fréquenté des buveurs, et
même affectionné de ceux qui, sans boire, aiment à causer de leurs
affaires, après journée faite, — ces derniers en nombre restreint,
cela va de soi. Ce local, ouvert à tous, c'était la principale, ou pour
mieux dire, l'unique auberge du village.

Quel était le propriétaire de cette auberge? Un juif du nom de
Jonas, brave homme âgé d'une soixantaine d'années, de physionomie engageante, mais bien sémite avec ses yeux noirs, son nez courbe,
sa lèvre allongée, ses cheveux plats et sa barbiche traditionnelle.
Obséquieux et obligeant, il prêtait volontiers de petites sommes à
l'un ou à l'autre, sans se montrer exigeant pour les garanties,
ni trop usurier pour les intérêts, quoiqu'il entendit être payé aux
dates acceptées par l'emprunteur. Plaise au ciel que les juifs établis dans le pays transylvain soient toujours aussi accommodants
que l'aubergiste de Werst !

Par malheur, cet excellent Jonas est une exception. Ses core-
ligionnaires par le culte, ses confrères par la profession, — car ils
sont tous cabaretiers, vendant boissons et articles d'épicerie, — pra-
tiquent le métier de prêteur avec une âpreté inquiétante pour l'avenir du paysan roumain. On verra le sol passer peu à peu de la race
indigène à la race étrangère. Faute d'être remboursés de leurs
avances, les juifs deviendront propriétaires des belles cultures hy-
pothéquées à leur profit, et si la Terre promise n'est plus en
Judée, peut-être figurera-t-elle un jour sur les cartes de la géographie transylvaine.

L'auberge du *Roi Mathias*, — elle se nommait ainsi, — occupait
un des angles de la terrasse que traverse la grande rue de Werst,

« Le Chort! » répondit Frik. (Page 38.)

à l'opposé de la maison du biró. C'était une vieille bâtisse, moitié
bois, moitié pierre, très rapiécée par endroits, mais largement drapée
de verdure et de très tentante apparence. Elle ne se composait que
d'un rez-de-chaussée, avec porte vitrée donnant accès sur la terrasse. A l'intérieur, on entrait d'abord dans une grande salle,
meublée de tables pour les verres et d'escabeaux pour les buveurs,
d'un dressoir en chêne vermoulu, où scintillaient les plats, les pots

« C'est toujours le burg qui vous occupe! » (Page 47.)

et les fioles, et d'un comptoir de bois noirci, derrière lequel Jonas se tenait à la disposition de sa clientèle.

Voici maintenant comment cette salle recevait le jour : deux fenêtres perçaient la façade, sur la terrasse, et deux autres fenêtres, à l'opposé, la paroi du fond. De ces deux-là, l'une, voilée par un épais rideau de plantes grimpantes ou pendantes qui l'obstruaient au dehors, était condamnée et laissait passer à peine un peu de

6

clarté. L'autre, lorsqu'on l'ouvrait, permettait au regard émerveillé de s'étendre sur toute la vallée inférieure du Vulkan. A quelques pieds au-dessous de l'embrasure se déroulaient les eaux tumultueuses du torrent de Nyad. D'un côté, ce torrent descendait les pentes du col, après avoir pris source sur les hauteurs du plateau d'Orgall, couronné par les bâtisses du burg ; de l'autre, toujours abondamment entre-tenu par les rios de la montagne, même pendant la saison d'été, il dévalait en grondant vers le lit de la Sil valaque, qui l'absorbait à son passage.

A droite, contiguës à la grande salle, une demi-douzaine de petites chambres suffisaient à loger les rares voyageurs qui, avant de franchir la frontière, désiraient se reposer au *Roi Mathias.* Ils étaient assurés d'un bon accueil, à des prix modérés, auprès d'un cabaretier attentif et serviable, toujours approvisionné de bon tabac qu'il allait chercher aux meilleurs « trafiks » des environs. Quant à lui, Jonas, il avait pour chambre à coucher une étroite mansarde, dont la lu-carne biscornue, trouant le chaume en fleurs, donnait sur la terrasse.

C'est dans cette auberge que, le soir même de ce 29 mai, il y eut réunion des grosses têtes de Werst, maître Koltz, le magister Hermod, le forestier Nic Deck, une douzaine des principaux habi-tants du village, et aussi le berger Frik, qui n'était pas le moins important de ces personnages. Le docteur Patak manquait à cette réunion de notables. Demandé en toute hâte par un de ses vieux clients qui n'attendait que lui pour passer dans l'autre monde, il s'était engagé à venir, dès que ses soins ne seraient plus indispen-sables au défunt.

En attendant l'ex-infirmier, on causait du grave événement à l'ordre du jour, mais on ne causait pas sans manger et sans boire. A ceux-ci, Jonas offrait cette sorte de bouillie ou gâteau de maïs, connue sous le nom de « mamaliga », qui n'est point désagréable, quand on l'imbibe de lait fraîchement tiré. A ceux-là, il présentait maint petit verre de ces liqueurs fortes qui coulent comme de l'eau pure à tra-vers les gosiers roumains, l'alcool de « schnaps » qui ne coûte pas un demi-sou le verre, et plus particulièrement le « rakiou », violente eau-de-vie de prunes, dont le débit est considérable au pays des Carpathes.

Il faut mentionner que le cabaretier Jonas — c'était une coutume de l'auberge — ne servait qu' « à l'assiette », c'est-à-dire aux gens attablés, ayant observé que les consommateurs assis consomment plus copieusement que les consommateurs debout. Or, ce soir-là, les affaires promettaient de marcher, puisque tous les escabeaux étaient disputés par les clients. Aussi Jonas allait-il d'une table à l'autre, le broc à la main, remplissant les gobelets qui se vidaient sans compter.

Il était huit heures et demie du soir. On pérorait depuis la brune, sans parvenir à s'entendre sur ce qu'il convenait de faire. Mais ces braves gens se trouvaient d'accord en ce point : c'est que si le château des Carpathes était habité par des inconnus, il devenait aussi dangereux pour le village de Werst qu'une poudrière à l'entrée d'une ville.

« C'est très grave! dit alors maître Koltz.

— Très grave! répéta le magister entre deux bouffées de son inséparable pipe.

— Très grave! répéta l'assistance.

— Ce qui n'est que trop sûr, reprit Jonas, c'est que la mauvaise réputation du burg faisait déjà grand tort au pays...

— Et maintenant ce sera bien autre chose! s'écria le magister Hermod.

— Les étrangers n'y venaient que rarement... répliqua maître Koltz, avec un soupir.

— Et, à présent, ils ne viendront plus du tout! ajouta Jonas en soupirant à l'unisson du biró.

— Nombre d'habitants songent déjà à le quitter! fit observer l'un des buveurs.

— Moi, le premier, répondit un paysan des environs, et je partirai, dès que j'aurai vendu mes vignes...

. — Pour lesquelles vous chômerez d'acheteurs, mon vieux homme! »
riposta le cabaretier.

On voit où ils en étaient de leur conversation, ces dignes notables. A travers les terreurs personnelles que leur occasionnait le
château des Carpathes, surgissait le sentiment de leurs intérêts si
regrettablement lésés. Plus de voyageurs, et Jonas en souffrait dans
le revenu de son auberge. Plus d'étrangers, et maître Koltz en pâtis-
sait dans la perception du péage, dont le chiffre s'abaissait graduellement. Plus d'acquéreurs pour les terres du col de Vulkan, et les
propriétaires ne pouvaient trouver à les vendre, même à vil prix. Cela
durait depuis des années, et cette situation, très dommageable, menaçait de s'aggraver encore.

En effet, s'il en était ainsi, quand les esprits du burg se tenaient
tranquilles au point de ne s'être jamais laissé apercevoir, que serait-
ce maintenant s'ils manifestaient leur présence par des actes ma-
tériels ?

Le berger Frik crut alors devoir dire, mais d'une voix assez
hésitante :

« Peut-être faudrait-il ?...

— Quoi? demanda maître Koltz.

— Y aller voir, mon maître. »

Tous s'entre-regardèrent, puis baissèrent les yeux, et cette question resta sans réponse.

Ce fut Jonas qui, s'adressant à maître Koltz, reprit la parole.

« Votre berger, dit-il d'une voix ferme, vient d'indiquer la seule
chose qu'il y ait à faire.

— Aller au burg...

— Oui, mes bons amis, répondit l'aubergiste. Si une fumée
s'échappe de la cheminée du donjon, c'est qu'on y fait du feu, et si
l'on y fait du feu, c'est qu'une main l'a allumé...

— Une main... à moins que ce soit une griffe ! répliqua le vieux
paysan en secouant la tête.

— Main ou griffe, dit le cabaretier, peu importe ! Il faut savoir ce que cela signifie. C'est la première fois qu'une fumée s'échappe de l'une des cheminées du château depuis que le baron Rodolphe de Gortz l'a quitté...

, — Il se pourrait, cependant, qu'il y ait eu déjà de la fumée, sans que personne s'en soit aperçu, suggéra maitre Koltz.

— Voilà ce que je n'admettrai jamais! se récria vivement le magister Hermod.

— C'est très admissible, au contraire, fit observer le biró, puisque nous n'avions pas de lunette pour constater ce qui se passait au burg. »

La remarque était juste. Le phénomène pouvait s'être produit depuis longtemps, et avoir échappé même au berger Frik, quelque bons que fussent ses yeux. Quoi qu'il en soit, que le dit phénomène fût récent ou non, il était indubitable que des êtres humains occupaient actuellement le château des Carpathes. Or, ce fait constituait un voisinage des plus inquiétants pour les habitants de Vulkan et de Werst.

Le magister Hermod crut devoir apporter cette objection à l'appui de ses croyances :

« Des êtres humains, mes amis ?... Vous me permettrez de n'en rien croire. Pourquoi des êtres humains auraient-ils eu la pensée de se réfugier au burg, dans quelle intention, et comment y seraient-ils arrivés ?...

— Que voulez-vous donc qu'ils soient, ces intrus? s'écria maitre Koltz.

— Des êtres surnaturels, répondit le magister Hermod d'une voix qui imposait. Pourquoi ne seraient-ce pas des esprits, des babeaux, des gobelins, peut-être même quelques-unes de ces dangereuses lamies, qui se présentent sous la forme de belles femmes... »

Pendant cette énumération, tous les regards s'étaient dirigés vers la porte, vers les fenêtres, vers la cheminée de la grande salle du *Roi Mathias*. Et, en vérité, chacun se demandait s'il n'allait pas voir apparaître l'un ou l'autre de ces fantômes, successivement évoqués par le maître d'école.

« Cependant, mes bons amis, se risqua à dire Jonas, si ces êtres sont des génies, je ne m'explique pas pourquoi ils auraient allumé du feu, puisqu'ils n'ont rien à cuisiner...

— Et leurs sorcelleries?... répondit le pâtour. Oubliez-vous donc qu'il faut du feu pour les sorcelleries?

— Évidemment! » ajouta le magister d'un ton qui n'admettait pas de réplique.

Cette sentence fut acceptée sans contestation, et, de l'avis de tous, c'étaient, à n'en pas douter, des êtres surnaturels, non des êtres humains, qui avaient choisi le château des Carpathes pour théâtre de leurs manigances.

Jusqu'ici, Nic Deck n'avait pris aucune part à la conversation. Le forestier se contentait d'écouter attentivement ce que disaient les uns et les autres. Le vieux burg, avec ses murs mystérieux, son antique origine, sa tournure féodale, lui avait toujours inspiré autant de curiosité que de respect. Et même, étant très brave, bien qu'il fût aussi crédule que n'importe quel habitant de Werst, il avait plus d'une fois manifesté l'envie d'en franchir l'enceinte.

On l'imagine, Miriota l'avait obstinément détourné d'un projet si aventureux. Qu'il eût de ces idées lorsqu'il était libre d'agir à sa guise, soit! Mais un fiancé ne s'appartient plus, et de se hasarder en de telles aventures, c'eût été œuvre de fou, ou d'indifférent. Et pourtant, malgré ses prières, la belle fille craignait toujours que le forestier mît son projet à exécution. Ce qui la rassurait un peu, c'est que Nic Deck n'avait pas formellement déclaré qu'il irait au burg, car personne n'aurait eu assez d'empire sur lui pour le retenir — pas même elle. Elle le savait, c'était un gars tenace et résolu, qui ne revenait jamais sur une parole engagée. Chose dite, chose faite. Aussi Miriota eût-elle été dans les transes, si elle avait pu soupçonner à quelles réflexions le jeune homme s'abandonnait en ce moment.

Cependant, comme Nic Deck gardait le silence, il s'en suit que la proposition du pâtour no fut relevée par personne. Rendre visite au château des Carpathes maintenant qu'il était hanté, qui l'oserait, à moins d'avoir perdu la tête?... Chacun se découvrait donc les meilleures raisons pour n'en rien faire... Le biró n'était plus d'un âge à se risquer en des chemins si rudes... Le magister avait son école à garder, Jonas, son auberge à surveiller, Frik, ses moutons à paître, les autres paysans, à s'occuper de leurs bestiaux et de leurs foins.

Non! pas un ne consentirait à se dévouer, répétant à part soi :

« Celui qui aurait l'audace d'aller au burg pourrait bien n'en jamais revenir ! »

A cet instant la porte de l'auberge s'ouvrit brusquement, au grand effroi de l'assistance.

Ce n'était que le docteur Patak, et il eût été difficile de le prendre pour une de ces lamies enchanteresses dont le magister Hermod avait parlé.

Son client étant mort, — ce qui faisait honneur à sa perspicacité médicale, sinon à son talent, — le docteur Patak était accouru à la réunion du *Roi Mathias*.

« Enfin, le voilà ! » s'écria maitre Koltz.

Le docteur Patak se dépêcha de distribuer des poignées de main à tout le monde, comme il eût distribué des drogues, et, d'un ton passablement ironique, il s'écria :

« Alors, les amis, c'est toujours le burg... le burg du Chort, qui vous occupe!... Oh! les poltrons!... Mais s'il veut fumer, ce vieux château, laissez-le fumer!... Est-ce que notre savant Hermod ne fume pas, lui, et toute la journée?... Vraiment, le pays est tout pâle d'épouvante!... Je n'ai entendu parler que de cela durant mes visites!... Les revenants ont fait du feu là-bas?... Et pourquoi pas, s'ils sont enrhumés du cerveau!... Il paraît qu'il gèle au mois de mai dans les chambres du donjon... A moins qu'on ne s'y occupe à cuire du pain pour l'autre monde!... Eh! il faut bien se nourrir là-haut, s'il est

vrai qu'on ressuscite!... Ce sont peut-être les boulangers du ciel,
qui sont venus faire une fournée... »

Et pour finir, une série de plaisanteries, extrêmement peu goû·
tées des gens de Werst, et que le docteur Patak débitait avec une
incroyable jactance.

On le laissa dire.

Et alors le biró de lui demander :

« Ainsi, docteur, vous n'attachez aucune importance à ce qui se
passe au burg?...

— Aucune, maître Koltz.

— Est-ce que vous n'avez pas dit que vous seriez prêt à vous y
rendre... si l'on vous en défiait?...

— Moi?... répondit l'ancien infirmier, non sans laisser percer un
certain ennui de ce qu'on lui rappelait ses paroles.

— Voyons... Ne l'avez-vous pas dit et répété? reprit le magister
en insistant.

— Je l'ai dit... sans doute... et vraiment... s'il ne s'agit que de le
répéter...

— Il s'agit de le faire, dit Hermod.

— De le faire?...

— Oui... et, au lieu de vous en défier... nous nous contentons de
vous en prier, ajouta maître Koltz.

— Vous comprenez... mes amis... certainement... une telle proposition...

— Eh bien, puisque vous hésitez, s'écria le cabaretier, nous ne
vous en prions pas... nous vous en défions!

— Vous m'en défiez?...

— Oui, docteur!

— Jonas, vous allez trop loin, reprit le biró. Il ne faut pas défier
Patak... Nous savons qu'il est homme de parole... Et ce qu'il a dit
qu'il ferait, il le fera... ne fût-ce que pour rendre service au village
et à tout le pays.

— Comment, c'est sérieux?... Vous voulez que j'aille au château

des Carpathes? reprit le docteur, dont la face rubiconde était devenue très pâle.

— Vous ne sauriez vous en dispenser, répondit catégoriquement
maître Koltz.

— Je vous en prie... mes bons amis... je vous en prie... raisonnons,
s'il vous plait!...

— C'est tout raisonné, répondit Jonas.

— Soyez justes... A quoi me servirait d'aller là bas... et qu'y trou-
verais-je?... quelques braves gens qui se sont réfugiés au burg...
et qui ne gênent personne...

— Eh bien, répliqua le magister Hermod, si ce sont de braves gens,
vous n'avez rien à craindre de leur part, et ce sera une occasion de
leur offrir vos services.

— S'ils en avaient besoin, répondit le docteur Patak, s'ils me faisaient demander, je n'hésiterais pas... croyez-le... à me rendre au
château. Mais je ne me déplace pas sans être invité, et je ne fais
pas gratis mes visites...

— On vous paiera votre dérangement, dit maître Koltz, et à tant
l'heure.

— Et qui me le paiera?...

— Moi... nous... au prix que vous voudrez! » répondirent la plupart des clients de Jonas.

Visiblement, en dépit de ses constantes fanfaronnades, le docteur
était, à tout le moins, aussi poltron que ses compatriotes de Werst.
Aussi, après s'être posé en esprit fort, après avoir raillé les légendes
du pays, se trouvait-il très embarrassé de refuser le service qu'on
lui demandait. Et pourtant, d'aller au château des Carpathes, même
si l'on rémunérait son déplacement, cela ne pouvait lui convenir en
aucune façon. Il chercha donc à tirer argument de ce que cette visite
ne produirait aucun résultat, que le village se couvrirait de ridicule
en le déléguant pour explorer le burg... Son argumentation fit
long feu.

« Voyons, docteur, il me semble que vous n'avez absolument rien

7

à risquer, reprit le magister Hermod, puisque vous ne croyez pas
aux esprits...

— Non... je n'y crois pas.

— Or, si ce ne sont pas des esprits qui reviennent au château,
ce sont des êtres humains qui s'y sont installés, et vous ferez connaissance avec eux. »

Le raisonnement du magister ne manquait pas de logique : il était
difficile à rétorquer.

« D'accord, Hermod, répondit le docteur Patak, mais je puis être
retenu au burg...

— C'est qu'alors vous y aurez été bien reçu, répliqua Jonas.

— Sans doute; cependant si mon absence se prolongeait, et si
quelqu'un avait besoin de moi dans le village...

— Nous nous portons tous à merveille, répondit maître Koltz, et
il n'y a plus un seul malade à Werst depuis que votre dernier client
a pris son billet pour l'autre monde.

— Parlez franchement... Êtes-vous décidé à partir? demanda l'aubergiste.

— Ma foi, non! répliqua le docteur. Oh! ce n'est point par
peur... Vous savez bien que je n'ajoute pas foi à toutes ces sorcelleries... La vérité est que cela me paraît absurde, et, je vous le répète,
ridicule... Parce qu'une fumée est sortie de la cheminée du donjon... une fumée qui n'est peut-être pas une fumée... Décidément...
non!... Je n'irai pas au château des Carpathes...

— J'irai, moi! »

C'était le forestier Nic Deck qui venait d'entrer dans la conversation en y jetant ces deux mots.

« Toi... Nic? s'écria maître Koltz.

— Moi... mais à la condition que Patak m'accompagnera. »

Ceci fut directement envoyé à l'adresse du docteur, qui fit un bond
pour se dépêtrer.

« Y penses-tu, forestier? répliqua-t-il. Moi... t'accompagner?...
Certainement... ce serait une agréable promenade à faire... tous

les deux... si elle avait son utilité... et si l'on pouvait s'y hasarder...
Voyons, Nic, tu sais bien qu'il n'y a même plus de route pour aller
au burg... Nous ne pourrions arriver...

— J'ai dit que j'irais au burg, répondit Nic Deck, et puisque je
l'ai dit, j'irai.

— Mais moi... je ne l'ai pas dit!... s'écria le docteur en se débat-
tant, comme si quelqu'un l'eût pris au collet.

— Si... vous l'avez dit... répliqua Jonas.

— Oui!... Oui! » répondit d'une seule voix l'assistance.

L'ancien infirmier, pressé par les uns et les autres, ne savait
comment leur échapper. Ah! combien il regrettait de s'être si imprudemment engagé par ses rodomontades. Jamais il n'eût imaginé
qu'on les prendrait au sérieux, ni qu'on le mettrait en demeure de
payer de sa personne... Maintenant, il ne lui était plus possible de
s'esquiver, sans devenir la risée de Werst, et tout le pays du Vulkan l'eût bafoué impitoyablement. Il se décida donc à faire contre
fortune bon cœur.

« Allons... puisque vous le voulez, dit-il, j'accompagnerai Nic
Deck, quoique cela soit inutile!'

— Bien... docteur Patak, bien! s'écrièrent tous les buveurs du
Roi Mathias.

— Et quand partirons-nous, forestier? demanda le docteur Patak,
en affectant un ton d'indifférence qui ne déguisait que mal sa pol-
tronnerie.

— Demain, dans la matinée, » répondit Nic Deck.

Ces derniers mots furent suivis d'un assez long silence. Cela indiquait combien l'émotion de maître Koltz et des autres était réelle.
Les verres avaient été vidés, les pots aussi, et, pourtant, personne ne
se levait, personne ne songeait à quitter la grande salle, bien qu'il
fût tard, ni à regagner son logis. Aussi Jonas pensa-il que l'occasion était bonne pour servir une autre tournée de schnaps et de rakiou...

Soudain, une voix se fit entendre assez distinctement au milieu du silence général, et voici les paroles qui furent lentement prononcées :

« *Nicolas Deck, ne va pas demain au burg!... N'y va pas... ou il t'arrivera malheur!* »

Qui s'était exprimé de la sorte?... D'où venait cette voix que personne ne connaissait et qui semblait sortir d'une bouche invisible?... Ce ne pouvait être qu'une voix de revenant, une voix surnaturelle, une voix de l'autre monde...

L'épouvante fut au comble. On n'osait pas se regarder, on n'osait pas prononcer une parole...

Le plus brave — c'était évidemment Nic Deck — voulut alors savoir à quoi s'en tenir. Il est certain que c'était dans la salle même que ces paroles avaient été articulées. Et, tout d'abord, le forestier eut le courage de se rapprocher du bahut et de l'ouvrir...

Personne.

Il alla visiter les chambres du rez-de-chaussée, qui donnaient sur la salle...

Personne.

Il poussa la porte de l'auberge, s'avança au dehors, parcourut la terrasse jusqu'à la grande rue de Werst...

Personne.

Quelques instants après, maître Koltz, le magister Hermod, le docteur Patak, Nic Deck, le berger Frik et les autres avaient quitté l'auberge, laissant le cabaretier Jonas, qui se hâta de clore sa porte à double tour.

Cette nuit-là, comme s'ils eussent été menacés d'une apparition fantastique, les habitants de Werst se barricadèrent solidement dans leurs maisons...

La terreur régnait au village.

L'ÉPOUVANTE FUT AU COMBLE. (Page 52.)

V

Le lendemain, Nic Deck et le docteur Patak se préparaient à partir sur les neuf heures du matin. L'intention du forestier était de remonter le col de Vulkan en se dirigeant par le plus court vers le burg suspect.

Après le phénomène de la fumée du donjon, après le phénomène de la voix entendue dans la salle du *Roi Mathias*, on ne s'étonnera pas que toute la population fût comme affolée. Quelques Tsiganes parlaient déjà d'abandonner le pays. Dans les familles, on ne causait plus que de cela — et à voix basse encore. Allez donc contester qu'il y eût du diable, « du Chort » dans cette phrase si menaçante pour le jeune forestier. Ils étaient là, à l'auberge de Jonas, une quinzaine, et des plus dignes d'être crus, qui avaient entendu ces étranges paroles. Prétendre qu'ils avaient été dupes de quelque illusion des sens, cela était insoutenable. Pas de doute à cet égard; Nic Deck avait été nominativement prévenu qu'il lui arriverait malheur, s'il s'entêtait à son projet d'explorer le château des Carpathes.

Et, pourtant, le jeune forestier se disposait à quitter Werst, et sans y être forcé. En effet, quelque profit que maître Koltz eût à éclaircir le mystère du burg, quelque intérêt que le village eût à savoir ce qui s'y passait, de pressantes démarches avaient été faites pour obtenir de Nic Deck qu'il revint sur sa parole. Éplorée, désespérée, ses beaux yeux noyés de larmes, Miriota l'avait supplié de ne point s'obstiner à cette aventure. Avant l'avertissement donné par la voix, c'était déjà grave. Après l'avertissement, c'était insensé. Et, à la veille de son mariage, voilà que Nic Deck voulait risquer sa vie dans une pareille tentative, et sa fiancée qui se traînait à ses genoux ne parvenait pas à le retenir...

Ni les objurgations de ses amis, ni les pleurs de Miriota, n'avaient pu influencer le forestier. D'ailleurs, cela ne surprit personne. On connaissait son caractère indomptable, sa ténacité, disons son entêtement. Il avait dit qu'il irait au château des Carpathes, et rien ne saurait l'en empêcher — pas même cette menace qui lui avait été adressée directement. Oui! il irait au burg, dût-il n'en jamais revenir!

Lorsque l'heure de partir fut arrivée, Nic Deck pressa une dernière fois Miriota sur son cœur, tandis que la pauvre fille se signait du pouce, de l'index et du médium, suivant cette coutume roumaine, qui est un hommage à la Sainte-Trinité.

Et le docteur Patak?... Eh bien, le docteur Patak, mis en demeure d'accompagner le forestier, avait essayé de se dégager, mais sans succès. Tout ce qu'on pouvait dire, il l'avait dit!... Toutes les objections imaginables, il les avait faites!... Il s'était retranché derrière cette injonction si formelle de ne point aller au château qui avait été distinctement entendue...

« Cette menace ne concerne que moi, s'était borné à lui répondre Nic Deck.

— Et s'il t'arrivait malheur, forestier, avait répondu le docteur Patak, est-ce que je m'en tirerais sans dommage?

— Dommage ou non, vous avez promis de venir avec moi au château, et vous y viendrez, puisque j'y vais! »

Comprenant que rien ne l'empêcherait de tenir sa promesse, les gens de Werst avaient donné raison au forestier sur ce point. Mieux valait que Nic Deck ne se hasardât pas seul en cette aventure. Aussi le très dépité docteur, sentant qu'il ne pouvait plus reculer, que c'eût été compromettre sa situation dans le village, qu'il se serait fait honnir après ses forfanteries accoutumées, se résigna, l'âme pleine d'épouvante. Il était bien décidé d'ailleurs à profiter du moindre obstacle de route qui se présenterait pour obliger son compagnon à revenir sur ses pas.

Nic Deck et le docteur Patak partirent donc, et maître Koltz, le magister Hermod, Frik, Jonas, leur firent la conduite jusqu'au tournant de la grande route, où ils s'arrêtèrent.

De cet endroit, maître Koltz braqua une dernière fois sa lunette — elle ne le quittait plus — dans la direction du burg. Aucune fumée ne se montrait à la cheminée du donjon, et il eût été facile de l'apercevoir sur un horizon très pur, par une belle matinée de printemps. Devait-on en conclure que les hôtes naturels ou surnaturels du château avaient déguerpi, en voyant que le forestier ne tenait pas compte de leurs menaces? Quelques-uns le pensèrent, et c'était là une raison décisive pour mener l'affaire jusqu'à complète satisfaction.

On se serra la main, et Nic Deck, entraînant le docteur, disparut à l'angle du col.

Le jeune forestier était en tenue de tournée, casquette galonnée à large visière, veste à ceinturon avec le coutelas engaîné, culotte bouffante, bottes ferrées, cartouchière aux reins, le long fusil sur l'épaule. Il avait la réputation justifiée d'être un très habile tireur, et, comme, à défaut de revenants, on pouvait rencontrer de ces rôdeurs qui battent les frontières, ou, à défaut de rôdeurs, quelque ours mal intentionné, il n'était que prudent d'être en mesure de se défendre.

Quant au docteur, il avait cru devoir s'armer d'un vieux pistolet à pierre, qui ratait trois coups sur cinq. Il portait aussi une hachette que son compagnon lui avait remise pour le cas probable où il serait nécessaire de se frayer passage à travers les épais taillis du Plesa. Coiffé du large chapeau des campagnards, boutonné sous son épaisse cape de voyage, il était chaussé de bottes à grosse ferrure, et ce n'est pas toutefois ce lourd attirail qui l'empêcherait de décamper, si l'occasion s'en présentait.

Nic Deck et lui s'étaient également munis de quelques provisions

Il s'efforçait de ne point se laisser distancer. (Page 69.)

contenues dans leur bissac, afin de pouvoir au besoin prolonger
l'exploration.

Après avoir dépassé le tournant de la route, Nic Deck et le docteur Patak marchèrent plusieurs centaines de pas le long du Nyad,
en remontant sa rive droite. De suivre le chemin qui circule à travers
les ravins du massif, cela les eût trop écartés vers l'ouest. Il eût été
plus avantageux de pouvoir continuer à côtoyer le lit du torrent, ce

Que pouvait-on désirer de plus? (Page 61.)

qui eût réduit la distance d'un tiers, car le Nyad prend sa source entre les replis du plateau d'Orgall. Mais, d'abord praticable, la berge, profondément ravinée et barrée de hautes roches, n'aurait plus livré passage, même à des piétons. Il y avait dès lors nécessité de couper obliquement vers la gauche, quitte à revenir sur le château, lorsqu'ils auraient franchi la zone inférieure des forêts du Plesa.

C'était, d'ailleurs, le seul côté par lequel le burg fût abordable.

8

Au temps où il était habité par le comte Rodolphe de Gortz, la communication entre le village de Werst, le col de Vulkan et la vallée de la Sil valaque se faisait par une étroite percée qui avait été ouverte en suivant cette direction. Mais, livrée depuis vingt ans aux envahissements de la végétation, obstruée par l'inextricable fouillis des broussailles, c'est en vain qu'on y eût cherché la trace d'une sente ou d'une tortillère.

Au moment d'abandonner le lit profondément encaissé du Nyad, que remplissait une eau mugissante, Nic Deck s'arrêta afin de s'orienter. Le château n'était déjà plus visible. Il ne le redeviendrait qu'au delà du rideau des forêts qui s'étageaient sur les basses pentes de la montagne, — disposition commune à tout le système orographique des Carpathes. L'orientation devait donc être difficile à déterminer, faute de repères. On ne pouvait l'établir que par la position du soleil, dont les rayons affleuraient alors les lointaines crêtes vers le sud-est.

« Tu le vois, forestier, dit le docteur, tu le vois !... Il n'y a pas même de chemin... ou plutôt, il n'y en a plus !

— Il y en aura, répondit Nic Deck.

— C'est facile à dire, Nic...

— Et facile à faire, Patak.

— Ainsi, tu es toujours décidé?... »

Le forestier se contenta de répondre par un signe affirmatif et prit route à travers les arbres.

A ce moment, le docteur éprouva une fière envie de rebrousser chemin; mais son compagnon, qui venait de se retourner, lui jeta un regard si résolu que le poltron ne jugea pas à propos de rester en arrière.

Le docteur Patak avait encore un dernier espoir : c'est que Nic Deck ne tarderait pas à s'égarer au milieu du labyrinthe de ces bois, où son service ne l'avait jamais amené. Mais il comptait sans ce flair merveilleux, cet instinct professionnel, cette aptitude « animale » pour ainsi dire, qui permet de se guider sur les moindres indices,

projection des branches en telle ou telle direction, dénivellation du
sol, teinte des écorces, nuance variée des mousses selon qu'elles
sont exposées aux vents du sud ou du nord. Nic Deck était trop
habile en son métier, il l'exerçait avec une sagacité trop supérieure,
pour se jamais perdre, même en des localités inconnues de lui. Il eût
été le digne rival d'un Bas-de-Cuir ou d'un Chingachgook au pays de
Cooper.

Et, pourtant, la traversée de cette zone d'arbres allait offrir de
réelles difficultés. Des ormes, des hêtres, quelques-uns de ces érables
qu'on nomme « faux platanes », de superbes chênes, en occupaient les
premiers plans jusqu'à l'étage des bouleaux, des pins et des sapins,
massés sur les croupes supérieures à la gauche du col. Magnifiques,
ces arbres, avec leurs troncs puissants, leurs branches chaudes de
sève nouvelle, leur feuillage épais, s'entremêlant de l'un à l'autre
pour former une cime de verdure que les rayons du soleil ne par-
venaient pas à percer.

Cependant le passage eût été relativement facile en se courbant
sous les basses branches. Mais quels obstacles à la surface du
sol, et quel travail il aurait fallu pour l'essarter, pour le dégager
des orties et des ronces, pour se garantir contre ces milliers d'é-
chardes que le plus léger attouchement leur arrache! Nic Deck
n'était pas homme à s'en inquiéter, d'ailleurs, et, pourvu qu'il pût
gagner à travers le bois, il ne se préoccupait pas autrement de
quelques égratignures. La marche, il est vrai, ne pourrait être que
très lente dans ces conditions, — fâcheuse aggravation, car Nic Deck
et le docteur Patak avaient intérêt à atteindre le burg dans l'après-
midi. Il ferait encore assez jour pour qu'ils pussent le visiter, — ce
qui leur permettait d'être rentrés à Werst avant la nuit.

Aussi, la hachette à la main, le forestier travaillait-il à se frayer
un passage au milieu de ces profondes épinaies, hérissées de baïon-
nettes végétales, où le pied rencontrait un terrain inégal, raboteux,
bossué de racines ou de souches, contre lesquelles il buttait, quand
il ne s'enfonçait pas dans une humide couche de feuilles mortes

que le vent n'avait jamais balayées. Des myriades de cosses éclataient comme des pois fulminants, au grand effroi du docteur, qui sursautait à cette pétarade, regardant à droite et à gauche, se retournant avec épouvante, lorsque quelque sarment s'accrochait à sa veste, comme une griffe qui eût voulu le retenir. Non! il n'était point rassuré, le pauvre homme. Mais, maintenant, il n'eût pas osé revenir seul en arrière, et il s'efforçait de ne point se laisser distancer par son intraitable compagnon.

Parfois dans la forêt apparaissaient de capricieuses éclaircies. Une averse de lumière y pénétrait. Des couples de cigognes noires, troublées dans leur solitude, s'échappaient des hautes ramures et filaient à grands coups d'aile. La traversée de ces clairières rendait la marche plus fatigante encore. Là, en effet, s'étaient entassés, énorme jeu de jonchets, les arbres abattus par l'orage ou tombés de vieillesse, comme si la hache du bûcheron leur eût donné le coup de mort. Là gisaient d'énormes troncs, rongés de pourriture, que jamais outil ne devait débiter en billes, que jamais charroi ne devait entraîner jusqu'au lit de la Sil valaque. Devant ces obstacles, rudes à franchir, parfois impossibles à tourner, Nic Deck et son compagnon avaient fort à faire. Si le jeune forestier, agile, souple, vigoureux, parvenait à s'en tirer, le docteur Patak, avec ses jambes courtes, son ventre bedonnant, essoufflé, époumonné, ne pouvait éviter des chutes, qui obligeaient à lui venir en aide.

« Tu verras. Nic, que je finirai par me casser quelque membre! répétait-il.

— Vous le raccommoderez.

— Allons, forestier, sois raisonnable... Il ne faut pas s'acharner contre l'impossible! »

Bah! Nic Deck était déjà en avant, et le docteur, n'obtenant rien, se hâtait de le rejoindre.

La direction suivie jusqu'alors, était-ce bien celle qui convenait pour arriver en face du burg? Il eût été malaisé de s'en rendre compte. Cependant, puisque le sol ne cessait de monter, il y avait lieu de s'élever vers la lisière de la forêt, qui fut atteinte à trois heures de l'après-midi.

Au delà, jusqu'au plateau d'Orgall, s'étendait le rideau des arbres verts, plus clairsemés à mesure que le versant du massif gagnait en altitude.

En cet endroit, le Nyad reparaissait au milieu des roches, soit qu'il se fût infléchi au nord-ouest, soit que Nic Deck eût obliqué vers lui. Cela donna au jeune forestier la certitude qu'il avait fait bonne route, puisque le ruisseau semblait sourdre des entrailles du plateau d'Orgall.

Nic Deck ne put refuser au docteur une heure de halte au bord du torrent. D'ailleurs, l'estomac réclamait son dû aussi impérieusement que les jambes. Les bissacs étaient bien garnis, le rakiou emplissait la gourde du docteur et celle de Nic Deck. En outre, une eau limpide et fraîche, filtrée aux cailloux du fond, coulait à quelques pas. Que pouvait-on désirer de plus? On avait beaucoup dépensé, il fallait réparer la dépense.

Depuis leur départ, le docteur n'avait guère eu le loisir de causer avec Nic Deck, qui le précédait toujours. Mais il se dédommagea, dès qu'ils furent assis tous les deux sur la berge du Nyad. Si l'un était peu loquace, l'autre était volontiers bavard. D'après cela, on ne s'étonnera pas que les questions fussent très prolixes, et les réponses très brèves.

« Parlons un peu, forestier, et parlons sérieusement, dit le docteur.

— Je vous écoute, répondit Nic Deck.

— Je pense que si nous avons fait halte en cet endroit, c'est pour reprendre des forces...

— Rien de plus juste.

— Avant de revenir à Werst...

— Non... avant d'aller au burg.

— Voyons, Nic, voilà six heures que nous marchons, et c'est à peine si nous sommes à mi-route...

— Ce qui prouve que nous n'avons pas de temps à perdre.

— Mais il fera nuit, lorsque nous arriverons devant le château, et comme j'imagine, forestier, que tu ne seras pas assez fou pour te risquer sans voir clair, il faudra attendre le jour...

— Nous l'attendrons.

— Ainsi tu ne veux pas renoncer à ce projet, qui n'a pas le sens commun?...

— Non.

— Comment! Nous voici exténués, ayant besoin d'une bonne table dans une bonne salle, et d'un bon lit dans une bonne chambre, et tu songes à passer la nuit en plein air?...

— Oui, si quelque obstacle nous empêche de franchir l'enceinte du château.

— Et s'il n'y a pas d'obstacle?...

— Nous irons coucher dans les appartements du donjon.

— Les appartements du donjon! s'écria le docteur Patak. Tu crois, forestier, que je consentirai à rester toute une nuit à l'intérieur de ce maudit burg...

— Sans doute, à moins que vous ne préfériez demeurer seul au dehors.

— Seul, forestier!... Ce n'est point ce qui est convenu, et si nous devons nous séparer, j'aime encore mieux que ce soit en cet endroit pour retourner au village!

— Ce qui est convenu, docteur Patak, c'est que vous me suivrez jusqu'où j'irai...

— Le jour, oui!.. La nuit, non!

— Eh bien, libre à vous de partir, et tâchez de ne point vous égarer sous les futaies. »

S'égarer, c'est bien ce qui inquiétait le docteur. Abandonné à lui-même, n'ayant pas l'habitude de ces interminables détours à travers les forêts du Plesa, il se sentait incapable de reprendre la route de Werst. D'ailleurs, d'être seul, lorsque la nuit serait venue, — une nuit très noire peut-être, — de descendre les pentes du col au

risque de choir au fond d'un ravin, ce n'était pas pour lui agréer. Quitte
à ne point escalader la courtine, quand le soleil serait couché, si le
forestier s'y obstinait, mieux valait le suivre jusqu'au pied de l'enceinte. Mais le docteur voulut tenter un dernier effort pour arrêter
son compagnon.

« Tu sais bien, mon cher Nic, reprit-il, que je ne consentirai jamais
à me séparer de toi... Puisque tu persistes à te rendre au château,
je ne te laisserai pas y aller seul.

— Bien parlé, docteur Patak, et je pense que vous devriez vous en
tenir là.

— Non... encore un mot, Nic. S'il fait nuit, lorsque nous arriverons, promets-moi de ne pas chercher à pénétrer dans le burg...

— Ce que je vous promets, docteur, c'est de faire l'impossible
pour y pénétrer, c'est de ne pas reculer d'une semelle, tant que je
n'aurai pas découvert ce qui s'y passe.

— Ce qui s'y passe, forestier ! s'écria le docteur Patak en haussant
les épaules. Mais que veux-tu qu'il s'y passe ?...

— Je n'en sais rien, et comme je suis décidé à le savoir, je le
saurai...

— Encore faut-il pouvoir y arriver, à ce château du diable ! répliqua
le docteur, qui était à bout d'arguments. Or, si j'en juge par les difficultés que nous avons éprouvées jusqu'ici, et par le temps que nous a
coûté la traversée des forêts du Plesa, la journée s'achèvera avant que
nous soyons en vue...

— Je ne le pense pas, répondit Nic Deck. Sur les hauteurs du
massif, les sapinières sont moins embroussaillées que ces futaies
d'ormes, d'érables et de hêtres.

— Mais le sol sera rude à monter !

— Qu'importe, s'il n'est pas impraticable.

— Mais je me suis laissé dire que l'on rencontrait des ours aux
environs du plateau d'Orgall !

— J'ai mon fusil, et vous avez votre pistolet pour vous défendre,
docteur.

L'aidant à se hisser.. (Page 67.)

— Mais si la nuit vient, nous risquons de nous perdre dans l'obscurité!

— Non, car nous avons maintenant un guide, qui, je l'espère, ne
nous abandonnera plus.

— Un guide? » s'écria le docteur.

Et il se releva brusquement pour jeter un regard inquiet autour
de lui.

Il vit des formes étranges. (Page 74.)

« Oui, répondit Nic Deck, et ce guide, c'est le torrent du Nyad. Il
suffira de remonter sa rive droite pour atteindre la crête même du
plateau où il prend sa source. Je pense donc qu'avant deux heures,
nous serons à la porte du burg, si nous nous remettons sans tarder
en route.

— Dans deux heures, à moins que ce ne soit dans six !

— Allons, êtes-vous prêt?...

— Déjà, Nic, déjà!... Mais c'est à peine si notre halte a duré quelques minutes!

— Quelques minutes qui font une bonne demi-heure. — Pour la dernière fois, êtes-vous prêt?

— Prêt... lorsque les jambes me pèsent comme des masses de plomb... Tu sais bien que je n'ai pas tes jarrets de forestier, Nic Deck!... Mes pieds sont gonflés, et c'est cruel de me contraindre à te suivre...

— A la fin, vous m'ennuyez, Patak! Je vous laisse libre de me quitter! Bon voyage! »

Et Nic Deck se releva.

« Pour l'amour de Dieu, forestier, s'écria le docteur Patak, écoute encore!

— Écouter vos sottises!

— Voyons, puisqu'il est déjà tard, pourquoi ne pas rester en cet endroit, pourquoi ne pas camper sous l'abri de ces arbres?... Nous repartirions demain dès l'aube, et nous aurions toute la matinée pour atteindre le plateau...

— Docteur, répondit Nic Deck, je vous répète que mon intention est de passer la nuit dans le burg.

— Non! s'écria le docteur, non... tu ne le feras pas, Nic!... Je saurai bien t'en empêcher...

— Vous?

— Je m'accrocherai à toi... Je t'entraînerai!... Je te battrai, s'il le faut... »

Il ne savait plus ce qu'il disait, l'infortuné Patak.

Quant à Nic Deck, il ne lui avait même pas répondu, et, après avoir remis son fusil en bandoulière, il fit quelques pas en se dirigeant vers la berge du Nyad.

« Attends... attends! s'écria piteusement le docteur. Quel diable d'homme!... Un instant encore!... J'ai les jambes raides... mes articulations ne fonctionnent plus... »

Elles ne tardèrent pourtant pas à fonctionner, car il fallut que l'ex-infirmier fit trotter ses petites jambes pour rejoindre le forestier, qui ne se retournait même pas.

Il était quatre heures. Les rayons solaires, effleurant la crête du Plesa, qui ne tarderait pas à les intercepter, éclairaient d'un jet oblique les hautes branches de la sapinière. Nic Deck avait grandement raison de se hâter, car ces dessous de bois s'assombrissent en peu d'instants au déclin du jour.

Curieux et étrange aspect que celui de ces forêts où se groupent les rustiques essences alpestres. Au lieu d'arbres contournés déjetés, grimaçants, se dressent des fûts droits, espacés, dénudés jusqu'à cinquante et soixante pieds au-dessus de leurs racines, des troncs sans nodosités, qui étendent comme un plafond leur verdure persistante. Peu de broussailles ou d'herbes enchevêtrées à leur base. De longues racines, rampant à fleur de terre, semblables à des serpents engourdis par le froid. Un sol tapissé d'une mousse jaunâtre et rase, faufilée de brindilles sèches et semée de pommes qui crépitent sous le pied. Un talus raide et sillonné de roches cristallines, dont les arêtes vives entament le cuir le plus épais. Aussi le passage fut-il rude au milieu de cette sapinière sur un quart de mille. Pour escalader ces blocs, il fallait une souplesse de reins, une vigueur de jarrets, une sûreté de membres, qui ne se retrouvaient plus chez le docteur Patak. Nic Deck n'eût mis qu'une heure, s'il eût été seul, et il lui en coûta trois avec l'impedimentum de son compagnon, s'arrêtant pour l'attendre, l'aidant à se hisser sur quelque roche trop haute pour ses petites jambes. Le docteur n'avait plus qu'une crainte, — crainte effroyable : c'était de se trouver seul au milieu de ces mornes solitudes.

Cependant, si les pentes devenaient plus pénibles à remonter, les arbres commençaient à se raréfier sur la haute croupe du Plesa. Ils ne formaient plus que des bouquets isolés, de dimension médiocre. Entre ces bouquets, on apercevait la ligne des montagnes, qui se dessinaient à l'arrière-plan et dont les linéaments émergeaient encore des vapeurs du soir.

Le torrent du Nyad, que le forestier n'avait cessé de côtoyer jusqu'alors, réduit à ne plus être qu'un ruisseau, devait sourdre à peu de distance. A quelques centaines de pieds au-dessus des derniers plis du terrain s'arrondissait le plateau d'Orgall, couronné par les constructions du burg.

Nic Deck atteignit enfin ce plateau, après un dernier coup de collier qui réduisit le docteur à l'état de masse inerte. Le pauvre homme n'aurait pas eu la force de se traîner vingt pas de plus, et il tomba comme le bœuf qui s'abat sous la masse du boucher.

Nic Deck se ressentait à peine de la fatigue de cette rude ascension. Debout, immobile, il dévorait du regard ce château des Carpathes, dont il ne s'était jamais approché.

Devant ses yeux se développait une enceinte crénelée, défendue par un fossé profond, et dont l'unique pont-levis était redressé contre une poterne, qu'encadrait un cordon de pierres.

Autour de l'enceinte, à la surface du plateau d'Orgall, tout était abandon et silence.

Un reste de jour permettait d'embrasser l'ensemble du burg qui s'estompait confusément au milieu des ombres du soir. Personne ne se montrait au-dessus du parapet de la courtine, personne sur la plate-forme supérieure du donjon, ni sur la terrasse circulaire du premier étage. Pas un filet de fumée ne s'enroulait autour de l'extravagante girouette, rongée d'une rouille séculaire.

« Eh bien, forestier, demanda le docteur Patak, conviendras-tu qu'il est impossible de franchir ce fossé, de baisser ce pont-levis, d'ouvrir cette poterne? »

Nic Deck ne répondit pas. Il se rendait compte qu'il serait nécessaire de faire halte devant les murs du château. Au milieu de cette obscurité, comment aurait-il pu descendre au fond du fossé et s'élever le long de l'escarpe pour pénétrer dans l'enceinte? Évidemment, le plus sage était d'attendre l'aube prochaine, afin d'agir en pleine lumière.

C'est ce qui fut résolu au grand ennui du forestier, mais à l'extrême satisfaction du docteur.

VI

Le mince croissant de la lune, délié comme une faucille d'argent, avait disparu presque aussitôt après le coucher du soleil. Des nuages, venus de l'ouest, éteignirent successivement les dernières lueurs du crépuscule. L'ombre envahit peu à peu l'espace en montant des basses zones. Le cirque de montagnes s'emplit de ténèbres, et les formes du burg disparurent bientôt sous le crêpe de la nuit

Si cette nuit-là menaçait d'être très obscure, rien n'indiquait qu'elle dût être troublée par quelque météore atmosphérique, orage, pluie ou tempête. C'était heureux pour Nic Deck et son compagnon, qui allaient camper en plein air.

Il n'existait aucun bouquet d'arbres sur cet aride plateau d'Orgall. Çà et là seulement des buissons ras à ras de terre, qui n'offraient aucun abri contre les fraîcheurs nocturnes. Des roches tant qu'on en voulait, les unes à demi enfouies dans le sol, les autres, à peine en équilibre, et qu'une poussée eût suffi à faire rouler jusqu'à la sapinière.

En réalité, l'unique plante qui poussait à profusion sur ce sol pierreux, c'était un épais chardon appelé « épine russe », dont les graines, dit Elisée Reclus, furent apportées à leurs poils par les chevaux moscovites — « présent de joyeuse conquête que les Russes firent aux Transylvains ».

A présent, il s'agissait de s'accommoder d'une place quelconque pour y attendre le jour et se garantir contre l'abaissement de la température, qui est assez notable à cette altitude.

« Nous n'avons que l'embarras du choix... pour être mal! murmura le docteur Patak.

— Plaignez-vous donc! répondit Nic Deck.

— Certainement, je me plains! Quel agréable endroit pour attraper quelque bon rhume ou quelque bon rhumatisme dont je ne saurai comment me guérir! »

Aveu dépouillé d'artifice dans la bouche de l'ancien infirmier de la quarantaine. Ah! combien il regrettait sa confortable petite maison de Werst, avec sa chambre bien close et son lit bien doublé de coussins et de courtes-pointes!

Entre les blocs disséminés sur le plateau d'Orgall, il fallait en choisir un dont l'orientation offrirait le meilleur paravent contre la brise du sud-ouest, qui commençait à piquer. C'est ce que fit Nic Deck, et bientôt le docteur vint le rejoindre derrière une large roche, plate comme une tablette à sa partie supérieure.

Cette roche était un de ces bancs de pierre, enfoui sous les scabieuses et les saxifrages, qui se rencontrent fréquemment à l'angle des chemins dans les provinces valaques. En même temps que le voyageur peut s'y asseoir, il a la faculté de se désaltérer avec l'eau que contient un vase déposé en dessus, laquelle est renouvelée chaque jour par les gens de la campagne. Alors que le château était habité par le baron Rodolphe de Gortz, ce banc portait un récipient que les serviteurs de la famille avaient soin de ne jamais laisser vide. Mais, à présent, il était souillé de détritus, tapissé de mousses verdâtres, et le moindre choc l'eût réduit en poussière.

A l'extrémité du banc se dressait une tige de granit, reste d'une ancienne croix, dont les bras n'étaient figurés sur le montant vertical que par une rainure à demi effacée. En sa qualité d'esprit fort, le docteur Patak ne pouvait admettre que cette croix le protégerait contre des apparitions surnaturelles. Et, cependant, par une anomalie commune à bon nombre d'incrédules, il n'était pas éloigné de croire au diable. Or, dans sa pensée, le Chort ne devait pas être loin, c'était lui qui hantait le burg, et ce n'était ni la poterne fermée, ni le pont-levis redressé, ni la courtine à pic, ni le fossé profond, qui l'empêcheraient d'en sortir, pour peu que la fantaisie le prit de venir leur tordre le cou à tous les deux.

Et, lorsque le docteur songeait qu'il avait toute une nuit à passer dans ces conditions, il frissonnait de terreur. Non! c'était trop exiger d'une créature humaine, et les tempéraments les plus énergiques n'auraient pu y résister.

Puis, une idée lui vint tardivement, — une idée à laquelle il n'avait point encore songé en quittant Werst. On était au mardi soir, et, ce jour-là, les gens du comitat se gardent bien de sortir après le coucher du soleil. Le mardi, on le sait, est jour de maléfices. A s'en rapporter aux traditions, ce serait s'exposer à rencontrer quelque génie malfaisant, si l'on s'aventurait dans le pays. Aussi, le mardi, personne ne circule-t-il dans les rues ni sur les chemins, après le coucher du soleil. Et voilà que le docteur Patak se trouvait non seulement hors de sa maison, mais aux approches d'un château visionné, et à deux ou trois milles du village! Et c'est là qu'il serait contraint d'attendre le retour de l'aube... si elle revenait jamais! En vérité, c'était vouloir tenter le diable!

Tout en s'abandonnant à ces idées, le docteur vit le forestier tirer tranquillement de son bissac un morceau de viande froide, après avoir puisé une bonne gorgée à sa gourde. Ce qu'il avait de mieux à faire, pensa-t-il, c'était de l'imiter, et c'est ce qu'il fit. Une cuisse d'oie, un gros chanteau de pain, le tout arrosé de rakiou, il ne lui en fallut pas moins pour réparer ses forces. Mais, s'il parvint à calmer sa faim, il ne parvint pas à calmer sa peur.

« Maintenant, dormons, dit Nic Deck, dès qu'il eut rangé son bissac au pied de la roche.

— Dormir, forestier!

— Bonne nuit, docteur.

— Bonne nuit, c'est facile à souhaiter, et je crains bien que celle-ci ne finisse mal... »

« Nic, Nic... s'écria le docteur, regarde-moi... » (Page 76.)

Nic Deck, n'étant guère en humeur de converser, ne répondit pas.
Habitué par profession à coucher au milieu des bois, il s'accota de son
mieux contre le banc de pierre, et ne tarda pas à tomber dans un
profond sommeil. Aussi le docteur ne put-il que maugréer entre
ses dents, lorsqu'il entendit le souffle de son compagnon s'échap-
pant à intervalles réguliers.

Quant à lui, il lui fut impossible, même quelques minutes, d'anni-

Le forestier descendit par un raidillon. (Page 79.)

hiler ses sens de l'ouïe et de la vue. En dépit de la fatigue, il ne
cessait de regarder, il ne cessait de prêter l'oreille. Son cerveau était
en proie à ces extravagantes visions qui naissent des troubles de l'insomnie. Qu'essayait-il d'apercevoir dans les épaisseurs de l'ombre?
Tout et rien, les formes indécises des objets qui l'environnaient, les
nuages échevelés à travers le ciel, la masse à peine perceptible
du château. Puis c'étaient les roches du plateau d'Orgall, qui lui

10

semblaient se mouvoir dans une sorte d'infernale sarabande. Et si elles allaient s'ébranler sur leur base, dévaler le long du talus, rouler sur les deux imprudents, les écraser à la porte de ce burg, dont l'entrée leur était interdite !

Il s'était redressé, l'infortuné docteur, il écoutait ces bruits qui se propagent à la surface des hauts plateaux, ces murmures inquiétants, qui tiennent à la fois du susurrement, du gémissement et du soupir. Il entendait aussi les nyctalopes qui effleuraient les roches d'un frénétique coup d'aile, les striges envolées pour leur promenade nocturne, deux ou trois couples de ces funèbres hulottes, dont le chuintement retentissait comme une plainte. Alors ses muscles se contractaient simultanément, et son corps tremblotait, baigné d'une transsudation glaciale.

Ainsi s'écoulèrent de longues heures jusqu'à minuit. Si le docteur Patak avait pu causer, échanger de temps en temps un bout de phrase, donner un libre cours à ses récriminations, il se serait senti moins apeuré. Mais Nic Deck dormait, et dormait d'un profond sommeil.

Minuit — c'était l'heure effrayante entre toutes, l'heure des apparitions, l'heure des maléfices.

Que se passait-il donc?

Le docteur venait de se relever, se demandant s'il était éveillé, ou s'il se trouvait sous l'influence d'un cauchemar.

En effet, là-haut, il crut voir — non! il vit réellement — des formes étranges, éclairées d'une lumière spectrale, passer d'un horizon à l'autre, monter, s'abaisser, descendre avec les nuages. On eût dit des espèces de monstres, dragons à queue de serpent, hippogriffes aux larges ailes, krakens gigantesques, vampires énormes, qui s'abattaient comme pour le saisir de leurs griffes ou l'engloutir dans leurs mâchoires.

Puis, tout lui parut être en mouvement sur le plateau d'Orgall, les roches, les arbres qui se dressaient à sa lisière. Et très distinctement, des battements, jetés à petits intervalles, arrivèrent à son oreille.

« La cloche... murmure-t-il, la cloche du burg! » '

Oui! c'est bien la cloche de la vieille chapelle, et non celle de l'église de Vulkan, dont le vent eût emporté les sons en une direction contraire.

Et voici que ses battements sont plus précipités... La main qui la met en branle ne sonne pas un glas de mort... Non! c'est un tocsin dont les coups haletants réveillent les échos de la frontière transylvaine.

En entendant ces vibrations lugubres, le docteur Patak est pris d'une peur convulsive, d'une insurmontable angoisse, d'une irrésistible épouvante, qui lui fait courir de froides horripilations sur tout le corps.

Mais le forestier a été tiré de son sommeil par les volées terrifiantes de cette cloche. Il s'est redressé, tandis que le docteur Patak semble comme rentré en lui-même.

Nic Deck tend l'oreille, et ses yeux cherchent à percer les épaisses ténèbres qui recouvrent le burg.

« Cette cloche!... Cette cloche!... répète le docteur Patak. C'est le Chort qui la sonne!... »

Décidément, il croit plus que jamais au diable, le pauvre docteur absolument affolé !

Le forestier, immobile, ne lui a pas répondu.

Soudain, des rugissements, semblables à ceux que jettent les sirènes marines à l'entrée des ports, se déchaînent en tumultueuses ondes. L'espace est ébranlé sur un large rayon par leurs souffles assourdissants.

Puis, une clarté jaillit du donjon central, une clarté intense, d'où sortent des éclats d'une pénétrante vivacité, des corruscations aveuglantes. Quel foyer produit cette puissante lumière, dont les irradiations se promènent en longues nappes à la surface du plateau d'Orgall? De quelle fournaise s'échappe cette source photogénique, qui semble embraser les roches, en même temps qu'elle les baigne d'une lividité étrange?

« Nic... Nic... s'écrie le docteur, regarde-moi!... Ne suis-je plus comme toi qu'un cadavre?... »

En effet, le forestier et lui ont pris un aspect cadavérique, figure blafarde, yeux éteints, orbites vides, joues verdâtres au teint grivelé, cheveux ressemblant à ces mousses qui croissent, suivant la légende, sur le crâne des pendus...

Nic Deck est stupéfié de ce qu'il voit, comme de ce qu'il entend. Le docteur Patak, arrivé au dernier degré de l'effroi, a les muscles rétractés, le poil hérissé, la pupille dilatée, le corps pris d'une raideur tétanique. Comme dit le poète des *Contemplations*, il « respire de l'épouvante ! »

Une minute — une minute au plus — dura cet horrible phénomène. Puis, l'étrange lumière s'affaiblit graduellement, les mugissements s'éteignirent, et le plateau d'Orgall rentra dans le silence et l'obscurité.

Ni l'un ni l'autre ne cherchèrent plus à dormir, le docteur, accablé par la stupeur, le forestier, debout contre le banc de pierre, attendant le retour de l'aube.

A quoi songeait Nic Deck devant ces choses si évidemment surnaturelles à ses yeux? N'y avait-il pas là de quoi ébranler sa résolution? S'entêterait-il à poursuivre cette téméraire aventure? Certes, il avait dit qu'il pénétrerait dans le burg, qu'il explorerait le donjon... Mais n'était-ce pas assez que d'être venu jusqu'à son infranchissable enceinte, d'avoir encouru la colère des génies et provoqué ce trouble des éléments? Lui reprocherait-on de n'avoir pas tenu sa promesse, s'il revenait au village, sans avoir poussé la folie jusqu'à s'aventurer à travers ce diabolique château?

Tout à coup, le docteur se précipite sur lui, le saisit par la main, cherche à l'entraîner, répétant d'une voix sourde :

« Viens!... Viens!...

— Non! » répond Nic Deck.

Et, à son tour, il retient le docteur Patak, qui retombe après ce dernier effort.

Cette nuit s'acheva enfin, et tel avait été l'état de leur esprit que ni le forestier ni le docteur n'eurent conscience du temps qui s'écoula jusqu'au lever du jour. Rien ne resta dans leur mémoire des heures qui précédèrent les premières lueurs du matin.

A cet instant, une ligne rosée se dessina sur l'arête du Paring, à l'horizon de l'est, de l'autre côté de la vallée des deux Sils. De légères blancheurs s'éparpillèrent au zénith sur un fond de ciel rayé comme une peau de zèbre.

Nic Deck se tourna vers le château. Il vit ses formes s'accentuer peu à peu, le donjon se dégager des hautes brumes qui descendaient le col de Vulkan, la chapelle, les galeries, la courtine émerger des vapeurs nocturnes, puis, sur le bastion d'angle, se découper le hêtre, dont les feuilles bruissaient à la brise du levant.

Rien de changé à l'aspect ordinaire du burg. La cloche était aussi immobile que la vieille girouette féodale. Aucune fumée n'empanachait les cheminées du donjon, dont les fenêtres grillagées étaient obstinément closes.

Au-dessus de la plate-forme, quelques oiseaux voltigeaient en jetant de petits cris clairs.

Nic Deck tourna son regard vers l'entrée principale du château. Le pont-levis, relevé contre la baie, fermait la poterne entre les deux pilastres de pierre écussonnés aux armes des barons de Gortz.

Le forestier était-il donc décidé à pousser jusqu'au bout cette aventureuse expédition? Oui, et sa résolution n'avait point été entamée par les événements de la nuit. Chose dite, chose faite : c'était sa devise, comme on sait. Ni la voix mystérieuse qui l'avait menacé personnellement dans la grande salle du *Roi Mathias*, ni les phénomènes inexplicables de sons et de lumière dont il venait d'être témoin, ne l'empêcheraient de franchir la muraille du burg. Une heure lui suffirait pour parcourir les galeries, visiter le donjon, et alors, sa promesse accomplie, il reprendrait le chemin de Werst, où il pourrait arriver avant midi.

Quant au docteur Patak, ce n'était plus qu'une machine inerte, n'ayant ni la force de résister ni même celle de vouloir. Il irait où on le pousserait. S'il tombait, il lui serait impossible de se relever. Les épouvantements de cette nuit l'avaient réduit au plus complet hébétement, et il ne fit aucune observation, lorsque le forestier, montrant le château, lui dit :

« Allons! »

Et pourtant le jour était revenu, et le docteur aurait pu regagner Werst, sans craindre de s'égarer à travers les forêts du Plesa. Mais qu'on ne lui sache aucun gré d'être resté avec Nic Deck. S'il n'abandonna pas son compagnon pour reprendre la route du village, c'est qu'il n'avait plus conscience de la situation, c'est qu'il n'était plus qu'un corps sans âme. Aussi, lorsque le forestier l'entraîna vers le talus de la contrescarpe, se laissa-t-il faire.

Maintenant était-il possible de pénétrer dans le burg autrement que par la poterne? C'est ce que Nic Deck vint préalablement reconnaître.

La courtine ne présentait aucune brèche, aucun éboulement, aucune faille, qui pût donner accès à l'intérieur de l'enceinte. Il était même surprenant que ces vieilles murailles fussent dans un tel état de conservation, — ce qui devait être attribué à leur épaisseur. S'élever jusqu'à la ligne de créneaux qui les couronnait, paraissait être impraticable, puisqu'elles dominaient le fossé d'une quarantaine de pieds. Il semblait par suite que Nic Deck, au moment où il venait d'atteindre le château des Carpathes, allait se heurter à des obstacles insurmontables.

Très heureusement, — ou très malheureusement pour lui, — il existait au-dessus de la poterne une sorte de meurtrière, ou plutôt une embrasure où s'allongeait autrefois la volée d'une couleuvrine. Or, en se servant de l'une des chaînes du pont-levis qui pendait jusqu'au sol, il ne serait pas très difficile à un homme leste et vigoureux de se hisser jusqu'à cette embrasure. Sa largeur était suffisante pour livrer passage, et, à moins qu'elle ne fût barrée d'une grille en dedans, Nic Deck parviendrait sans doute à s'introduire dans la cour du burg.

Le forestier comprit, à première vue, qu'il n'y avait pas moyen de procéder autrement, et voilà pourquoi, suivi de l'inconscient docteur, il descendit par un raidillon oblique le revers interne de la contrescarpe.

Tous deux eurent bientôt atteint le fond du fossé, semé de pierres entre le fouillis des plantes sauvages. On ne savait trop où l'on posait le pied, et si des myriades de bêtes venimeuses ne fourmillaient pas sous les herbes de cette humide excavation.

Au milieu du fossé et parallèlement à la courtine, se creusait le lit de l'ancienne cunette, presque entièrement desséchée, et qu'une bonne enjambée permettait de franchir.

Nic Deck, n'ayant rien perdu de son énergie physique et morale, agissait avec sang-froid, tandis que le docteur le suivait machinalement, comme une bête que l'on tire par une corde.

Après avoir dépassé la cunette, le forestier longea la base de la courtine pendant une vingtaine de pas, et s'arrêta au-dessous de la poterne, à l'endroit où pendait le bout de chaîne. En s'aidant des pieds et des mains, il pourrait aisément atteindre le cordon de pierre qui faisait saillie au-dessous de l'embrasure.

Évidemment, Nic Deck n'avait pas la prétention d'obliger le docteur Patak à tenter avec lui cette escalade. Un aussi lourd bonhomme ne l'aurait pu. Il se borna donc à le secouer vigoureusement pour se faire comprendre, et lui recommanda de rester sans bouger au fond du fossé.

Puis, Nic Deck commença à grimper le long de la chaîne, et ce ne fut qu'un jeu pour ses muscles de montagnard.

Mais, lorsque le docteur se vit seul, voilà que le sentiment de la situation lui revint dans une certaine mesure. Il comprit, il regarda, il aperçut son compagnon déjà suspendu à une douzaine de pieds au-dessus du sol, et, alors, de s'écrier d'une voix étranglée par les affres de la peur :

« Arrête... Nic... arrête ! »

Le forestier ne l'écouta point

« Viens... viens... où je m'en vais! gémit le docteur, qui parvint à se remettre sur ses pieds.

— Va-t'en! » répondit Nic Deck.

Et il continua de s'élever lentement le long de la chaîne du pont-levis.

Le docteur Patak, au paroxysme de l'effroi, voulut alors regagner le raidillon de la contrescarpe, afin de remonter jusqu'à la crête du plateau d'Orgall et de reprendre à toutes jambes le chemin de Werst...

O prodige, devant lequel s'effaçaient ceux qui avaient troublé la nuit précédente! — voici qu'il ne peut bouger... Ses pieds sont retenus comme s'ils étaient saisis entre les mâchoires d'un étau... Peut-il les déplacer l'un après l'autre?... Non!... Ils adhèrent par les talons et les semelles de leurs bottes... Le docteur s'est-il donc laissé prendre aux ressorts d'un piège?... Il est trop affolé pour le reconnaitre... Il semble plutôt qu'il soit retenu par les clous de sa chaussure.

Quoi qu'il en soit, le pauvre homme est immobilisé à cette place... Il est rivé au sol... N'ayant même plus la force de crier, il tend désespérément les mains... On dirait qu'il veut s'arracher aux étreintes de quelque tarasque, dont la gueule émerge des entrailles de la terre...

Cependant, Nic Deck était parvenu à la hauteur de la poterne, et il venait de poser sa main sur l'une des ferrures où s'emboitait l'un des gonds du pont-levis...

Un cri de douleur lui échappa; puis, se rejetant en arrière comme s'il eût été frappé d'un coup de foudre, il glissa le long de la chaîne qu'un dernier instinct lui avait fait ressaisir, et roula jusqu'au fond du fossé.

« La voix avait bien dit qu'il m'arriverait malheur! » murmura-t-il, et il perdit connaissance.

« Arrête... Nic, arrête! » (Page 79.)

VII

Comment décrire l'anxiété à laquelle était en proie le village de
Werst depuis le départ du jeune forestier et du docteur Patak? Elle

11

n'avait cessé de s'accroitre avec les heures qui s'écoulaient et semblaient interminables.

Maitre Koltz, l'aubergiste Jonas, le magister Hermod et quelques autres n'avaient pas manqué de se tenir en permanence sur la terrasse. Chacun d'eux s'obstinait à observer la masse lointaine du burg, à regarder si quelque volute réapparaissait au-dessus du donjon. Aucune fumée ne se montrait — ce qui fut constaté au moyen de la lunette invariablement braquée dans cette direction. En vérité, les deux florins employés à l'acquisition de cet appareil, c'était de l'argent qui avait reçu un bon emploi. Jamais le biró, bien intéressé pourtant, bien regardant à sa bourse, n'avait eu moins de regret d'une dépense faite si à propos.

A midi et demi, lorsque le berger Frik revint de la pâture, on l'interrogea avidement. Y avait-il du nouveau, de l'extraordinaire, du surnaturel?...

Frik répondit qu'il venait de parcourir la vallée de la Sil valaque, sans avoir rien vu de suspect.

Après le diner, vers deux heures, chacun regagna son poste d'observation. Personne n'eût pensé à rester chez soi, et surtout personne ne songeait à remettre le pied au *Roi Mathias*, où des voix comminatoires se faisaient entendre. Que des murs aient des oreilles, passe encore, puisque c'est une locution qui a cours dans le langage usuel... mais une bouche!...

Aussi le digne cabaretier pouvait-il craindre que son cabaret fût mis en quarantaine, et cela ne laissait pas de le préoccuper au dernier point. En serait-il donc réduit à fermer boutique, à boire son propre fonds, faute de clients? Et pourtant, dans le but de rassurer la population de Werst, il avait procédé à une longue investigation du *Roi Mathias*, fouillé les chambres jusque sous leurs lits, visité les bahuts et le dressoir, exploré minutieusement les coins et recoins de la grande salle, de la cave et du grenier, où quelque mauvais plaisant aurait pu organiser cette mystification. Rien!... Rien non plus du côté de la façade qui dominait le Nyad. Les fenêtres étaient trop hautes pour qu'il fût possible de s'élever jusqu'à leur embrasure, au revers d'une muraille taillée à pic et dont l'assise plongeait dans le cours impétueux du torrent. N'importe! la peur ne raisonne pas, et bien du temps s'écoulerait, sans doute, avant que les hôtes habituels de Jonas eussent rendu leur confiance à son auberge, à son schnaps et à son rakiou.

Bien du temps?... Erreur, et, on le verra, ce fâcheux pronostic ne devait point se réaliser.

En effet, quelques jours plus tard, par suite d'une circonstance très imprévue, les notables du village allaient reprendre leurs conférences quotidiennes, entremêlées de bonnes rasades, devant les tables du *Roi Mathias*.

Mais il faut revenir au jeune forestier et à son compagnon, le docteur Patak.

On s'en souvient, au moment de quitter Werst, Nic Deck avait promis à la désolée Miriota de ne pas s'attarder dans sa visite au château des Carpathes. S'il ne lui arrivait pas malheur, si les menaces fulminées contre lui ne se réalisaient pas, il comptait être de retour aux premières heures de la soirée. On l'attendait donc, et avec quelle impatience! D'ailleurs, ni la jeune fille, ni son père, ni le maître d'école ne pouvaient prévoir que les difficultés de la route ne permettraient pas au forestier d'atteindre la crête du plateau d'Orgall avant la nuit tombante.

Il suit de là que l'inquiétude, déjà si vive pendant la journée, dépassa toute mesure, lorsque huit heures sonnèrent au clocher de Vulkan, qu'on entendait très distinctement au village de Werst. Que s'était-il passé pour que Nic Deck et le docteur n'eussent pas reparu, après une journée d'absence? Cela étant, nul n'aurait songé à réintégrer sa demeure, avant qu'ils fussent de retour. A chaque instant, on s'imaginait les voir poindre au tournant de la route du col.

Maître Koltz et sa fille s'étaient portés à l'extrémité de la rue, à l'endroit où le pâtour avait été mis en faction. Maintes fois, ils

crurent voir des ombres se dessiner au lointain, à travers l'éclaircie des arbres... Illusion pure! Le col était désert, comme à l'habitude, car il était rare que les gens de la frontière voulussent s'y hasarder pendant la nuit. Et puis, on était au mardi soir — ce mardi
des génies malfaisants — et, ce jour-là, les Transylvains ne courent
pas volontiers la campagne, au coucher du soleil. Il fallait que Nic
Deck fût fou d'avoir choisi un pareil jour pour visiter le burg. La
vérité est que le jeune forestier n'y avait point réfléchi, ni personne, au surplus, dans le village.

Mais c'est bien à cela que Miriota songeait alors. Et quelles
effrayantes images s'offraient à elle! En imagination, elle avait suivi
son fiancé heure par heure, à travers ces épaisses forêts du Plesa,
tandis qu'il remontait vers le plateau d'Orgall... Maintenant, la nuit
venue, il lui semblait qu'elle le voyait dans l'enceinte, essayant
d'échapper aux esprits qui hantaient le château des Carpathes... Il
était devenu le jouet de leurs maléfices... C'était la victime vouée
à leur vengeance... Il était emprisonné au fond de quelque souterraine geôle... mort peut être...

Pauvre fille, que n'eût-elle donné pour se lancer sur les traces
de Nic Deck! Et, puisqu'elle ne le pouvait, du moins aurait-elle voulu
l'attendre toute la nuit en cet endroit. Mais son père l'obligea à rentrer, et, laissant le berger en observation, tous deux revinrent à
leur logis.

Dès qu'elle fut seule en sa petite chambre, Miriota s'abandonna
sans réserve à ses larmes. Elle l'aimait, de toute son âme, ce brave
Nic, et d'un amour d'autant plus reconnaissant que le jeune forestier
ne l'avait point recherchée dans les conditions où se décident ordi-
nairement les mariages en ces campagnes transylvaines et d'une façon
si bizarre.

Chaque année, à la fête de la Saint-Pierre, s'ouvre la « foire aux
fiancés ». Ce jour-là, il y a réunion de toutes les jeunes filles du comitat. Elles sont venues avec leurs plus belles carrioles attelées de
leurs meilleurs chevaux; elles ont apporté leur dot, c'est-à-dire des

A LA FÊTE DE LA SAINT-PIERRE S'OUVRE LA FOIRE AUX FIANCÉS. (Page 81.)

12

vêtements filés, cousus, brodés de leurs mains, enfermés dans
des coffres aux brillantes couleurs; familles, amies, voisines, les ont
accompagnées. Et alors arrivent les jeunes gens, parés de superbes
habits, ceints d'écharpes de soie. Ils courent la foire en se pavanant;
ils choisissent la fille qui leur plaît; ils lui remettent un anneau et
un mouchoir en signe de fiançailles, et les mariages se font au
retour de la fête.

Ce n'était point sur l'un de ces marchés que Nicolas Deck avait
rencontré Miriota. Leur liaison ne s'était pas établie par hasard.
Tous deux se connaissaient depuis l'enfance, ils s'aimaient depuis
qu'ils avaient l'âge d'aimer. Le jeune forestier n'était pas allé quérir
au milieu des encans d'une foire celle qui devait être son épouse,
et Miriota lui en avait grand gré. Ah! pourquoi Nic Deck était-il d'un
caractère si résolu, si tenace, si entêté à tenir une promesse impru-
dente! Il l'aimait, pourtant, il l'aimait, et elle n'avait pas eu assez
d'influence pour l'empêcher de prendre le chemin de ce château
maudit!

Quelle nuit passa la triste Miriota au milieu des angoisses et des
pleurs! Elle n'avait point voulu se coucher. Penchée à sa fenêtre, le
regard fixé sur la rue montante, il lui semblait entendre une voix qui
murmurait :

« Nicolas Deck n'a pas tenu compte des menaces!... Miriota n'a
plus de fiancé! »

Erreur de ses sens troublés. Aucune voix ne se propageait à travers le silence de la nuit. L'inexplicable phénomène de la salle du
Roi Mathias ne se reproduisait pas dans la maison de maître Koltz.

Le lendemain, à l'aube, la population de Werst était dehors. Depuis la terrasse jusqu'au détour du col, les uns remontaient, les autres
redescendaient la grande rue, — ceux-ci pour demander des nouvelles, ceux-là pour en donner. On disait que le berger Frik venait
de se porter en avant, à un bon mille du village, non point à travers les forêts du Plesa, mais en suivant leur lisière, et qu'il n'avait pas
agi ainsi sans motif.

Il fallait l'attendre, et, afin de pouvoir communiquer plus promptement avec lui, maître Koltz, Miriota et Jonas se rendirent à l'extrémité du village.

Une demi-heure après, Frik était signalé à quelques centaines de pas, en haut de la route.

Comme il ne paraissait pas hâter son allure, on en tira mauvais indice.

« Eh bien, Frik, que sais-tu?... Qu'as-tu appris?... lui demanda maître Koltz, dès que le berger l'eut rejoint.

— Rien vu... rien appris! répondit Frik.

— Rien! murmura la jeune fille, dont les yeux s'emplirent de larmes.

— Au lever du jour, reprit le berger, j'avais aperçu deux hommes à un mille d'ici. J'ai d'abord cru que c'était Nic Deck, accompagné du docteur... ce n'était pas lui!

— Sais-tu quels sont ces hommes? demanda Jonas.

— Deux voyageurs étrangers qui venaient de traverser la frontière valaque.

— Tu leur as parlé?...

— Oui.

— Est-ce qu'ils descendent vers le village?

— Non, ils font route dans la direction du Retyezat dont ils veulent atteindre le sommet.

— Ce sont deux touristes?...

— Ils en ont l'air, maître Koltz.

— Et, cette nuit, en traversant le col de Vulkan, ils n'ont rien vu du côté du burg?...

— Non... puisqu'ils se trouvaient encore de l'autre côté de la frontière, répondit Frik.

— Ainsi tu n'as aucune nouvelle de Nic Deck?

— Aucune.

— Mon Dieu!... soupira la pauvre Miriota.

— Du reste, vous pourrez interroger ces voyageurs dans quelques

jours, ajouta Frik, car ils comptent faire halte à Werst, avant de re-
partir pour Kolosvar.

— Pourvu qu'on ne leur dise pas de mal de mon auberge ! pensa
Jonas inconsolable. Ils seraient capables de n'y point vouloir prendre
logement ! »

Et, depuis trente-six heures, l'excellent hôtelier était obsédé par
cette crainte qu'aucun voyageur n'oserait désormais manger et dormir au *Roi Mathias*.

En somme, ces demandes et ces réponses, échangées entre le
berger et son maître, n'avaient en rien éclairci la situation. Et
comme ni le jeune forestier ni le docteur Patak n'avaient reparu à
huit heures du matin, pouvait-on être fondé à espérer qu'ils dus-
sent jamais revenir?... C'est qu'on ne s'approche pas impunément du
château des Carpathes!

Brisée par les émotions de cette nuit d'insomnie, Miriota n'avait
plus la force de se soutenir. Toute défaillante, c'est à peine si elle
parvenait à marcher. Son père dut la ramener au logis. Là, ses larmes
redoublèrent... Elle appelait Nic d'une voix déchirante,.. Elle voulait
partir pour le rejoindre... Cela faisait pitié, et il y avait lieu de
craindre qu'elle tombât malade.

Cependant il était nécessaire et urgent de prendre un parti. Il
fallait aller au secours du forestier et du docteur sans perdre un
instant. Qu'il y eût à courir des dangers, en s'exposant aux représailles
des êtres quelconques, humains ou autres, qui occupaient le burg,
peu importait. L'essentiel était de savoir ce qu'étaient devenus Nic
Deck et le docteur. Ce devoir s'imposait aussi bien à leurs amis qu'aux
autres habitants du village. Les plus braves ne refuseraient pas de
se jeter au milieu des forêts du Plesa, afin de remonter jusqu'au
château des Carpathes.

Cela décidé, après maintes discussions et démarches, les plus
braves se trouvèrent au nombre de trois : ce furent maître Koltz, le
berger Frik et l'aubergiste Jonas, — pas un de plus. Quant au magister Hermod, il s'était soudainement ressenti d'une douleur de

goutte à la jambe, et il avait dû s'allonger sur deux chaises dans la
classe de son école.

Vers neuf heures, maître Koltz et ses compagnons, bien armés par
prudence, prirent la route du col de Vulkan. Puis, à l'endroit même
où Nic Deck l'avait quittée, ils l'abandonnèrent, afin de s'enfoncer sous
l'épais massif.

Ils se disaient, non sans raison, que, si le jeune forestier et
le docteur étaient en marche pour revenir au village, ils pren-
draient le chemin qu'ils avaient dû suivre à travers le Plesa.
Or, il serait facile de reconnaître leurs traces, et c'est ce qui
fut constaté, aussitôt que tous trois eurent franchi la lisière
d'arbres.

Nous les laisserons aller pour dire quel revirement se fit à Werst,
dès qu'on les eut perdus de vue. S'il avait paru indispensable
que des gens de bonne volonté se portassent au-devant de Nic Deck
et de Patak, on trouvait que c'était d'une imprudence sans nom
maintenant qu'ils étaient partis. Le beau résultat, lorsque la première catastrophe serait doublée d'une seconde ! Que le forestier
et le docteur eussent été victimes de leur tentative, personne n'en
doutait plus et, alors, à quoi servait que maître Koltz, Frik et Jonas
s'exposassent à être victimes de leur dévouement ? On serait bien
avancé, lorsque la jeune fille aurait à pleurer son père comme elle
pleurait son fiancé, lorsque les amis du pâtour et de l'aubergiste
auraient à se reprocher leur perte !

La désolation devint générale à Werst, et il n'y avait pas apparence
qu'elle dût cesser de sitôt. En admettant qu'il ne leur arrivât pas
malheur, on ne pouvait compter sur le retour de maître Koltz et de
ses deux compagnons avant que la nuit eût enveloppé les hauteurs
environnantes.

Quelle fut donc la surprise, lorsqu'ils furent aperçus vers deux
heures de l'après-midi, dans le lointain de la route ! Avec quel
empressement, Miriota, qui fut immédiatement prévenue, courut à
leur rencontre.

Ils n'étaient pas trois, ils étaient quatre, et le quatrième se montra sous les traits du docteur.

« Nic... mon pauvre Nic !... s'écria la jeune fille. Nic n'est-il pas là ?... »

Si... Nic Deck était là, étendu sur une civière de branchages que Jonas et le berger portaient péniblement.

Miriota se précipita vers son fiancé, elle se pencha sur lui, elle le serra entre ses bras.

« Il est mort... s'écriait-elle, il est mort !

— Non... il n'est pas mort, répondit le docteur Patak, mais il mériterait de l'être... et moi aussi ! »

La vérité est que le jeune forestier avait perdu connaissance. Les membres raidis, la figure exsangue, sa respiration lui soulevait à peine la poitrine. Quant au docteur, si sa face n'était pas décolorée comme celle de son compagnon, cela tenait à ce que la marche lui avait rendu sa teinte habituelle de brique rougeâtre.

La voix de Miriota, si tendre, si déchirante, n'eut pas le pouvoir d'arracher Nic Deck de cette torpeur où il était plongé. Lorsqu'il eut été ramené au village et déposé dans la chambre de maître Koltz, il n'avait pas encore prononcé une seule parole. Quelques instants après, cependant, ses yeux se rouvrirent, et, dès qu'il aperçut la jeune fille penchée à son chevet, un sourire erra sur ses lèvres ; mais quand il essaya de se relever, il ne put y parvenir. Une partie de son corps était paralysée, comme s'il eût été frappé d'hémiplégie. Toutefois, voulant rassurer Miriota, il lui dit, d'une voix bien faible, il est vrai :

« Ce ne sera rien... ce ne sera rien !

— Nic... mon pauvre Nic ! répétait la jeune fille.

— Un peu de fatigue seulement, chère Miriota, et un peu d'émotion... Cela passera vite... avec tes soins... »

Mais il fallait du calme et du repos au malade. Aussi maître Koltz quitta-t-il la chambre, laissant Miriota près du jeune forestier, qui n'eût pu souhaiter une garde-malade plus diligente, et ne tarda pas à s'assoupir.

12

Pendant ce temps, l'aubergiste Jonas racontait à un nombreux auditoire et d'une voix forte, afin de bien être entendu de tous, ce qui s'était passé depuis leur départ.

Maitre Koltz, le berger et lui, après avoir retrouvé sous bois le sentier que Nic Deck et le docteur s'étaient frayé, avaient pris direction vers le château des Carpathes. Or, depuis deux heures, ils gravissaient les pentes du Plesa, et la lisière de la forêt n'était plus qu'à un demi-mille en avant, lorsque deux hommes apparurent. C'étaient le docteur et le forestier, l'un, auquel ses jambes refusaient tout service, l'autre, à bout de forces et qui venait de tomber au pied d'un arbre.

Courir au docteur, l'interroger, mais sans pouvoir en obtenir un seul mot, car il était trop hébété pour répondre, fabriquer une civière avec des branches, y coucher Nic Deck, remettre Patak sur ses pieds, c'est ce qui fut accompli en un tour de main. Puis, maitre Koltz et le berger, que relayait parfois Jonas, avaient repris la route de Werst.

Quant à dire pourquoi Nic Deck se trouvait dans un pareil état, et s'il avait exploré les ruines du burg, l'aubergiste ne le savait pas plus que maitre Koltz, pas plus que le berger Frik, le docteur n'ayant pas encore suffisamment recouvré ses esprits pour satisfaire leur curiosité.

Mais si Patak n'avait pas jusqu'alors parlé, il fallait qu'il parlât maintenant. Que diable! il était en sûreté dans le village, entouré de ses amis, au milieu de ses clients!... Il n'avait plus rien à redouter des êtres de là-bas!... Même s'ils lui avaient arraché le serment de se taire, de ne rien raconter de ce qu'il avait vu au château des Carpathes, l'intérêt public lui commandait de manquer à son serment.

« Voyons, remettez-vous, docteur, lui dit maitre Koltz, et rappelez vos souvenirs!

— Vous voulez... que je parle...

— Au nom des habitants de Werst, et pour assurer la sécurité du village, je vous l'ordonne! »

Un bon verre de rakiou, apporté par Jonas, eut pour effet de rendre au docteur l'usage de sa langue, et ce fut par phrases entrecoupées qu'il s'exprima en ces termes :

« Nous sommes partis tous les deux... Nic et moi... Des fous... des fous !... Il a fallu presque une journée pour traverser ces forêts maudites... Parvenus au soir seulement devant le burg... J'en tremble encore... j'en tremblerai toute ma vie !... Nic voulait y entrer... Oui ! il voulait passer la nuit dans le donjon... autant dire la chambre à coucher de Belzébuth !... »

Le docteur Patak disait ces choses d'une voix si caverneuse, que l'on frémissait rien qu'à l'entendre.

« Je n'ai pas consenti... reprit-il, non... je n'ai pas consenti !... Et que serait-il arrivé... si j'eusse cédé aux désirs de Nic Deck?... Les cheveux me dressent d'y penser ! »

Et si les cheveux du docteur se dressaient sur son crâne, c'est que sa main s'y égarait machinalement.

« Nic s'est donc résigné à camper sur le plateau d'Orgall... Quelle nuit... mes amis, quelle nuit !... Essayez donc de reposer, lorsque les esprits ne vous permettent pas de dormir une heure... non, pas même une heure !... Tout à coup, voilà que des monstres de feu apparaissent entre les nuages, de véritables balauris !... Ils se précipitent sur le plateau pour nous dévorer... »

Tous les regards se portèrent vers le ciel pour voir s'il n'était pas chevauché par quelque galopade de spectres.

« Et, quelques instants après, reprit le docteur, voici la cloche de la chapelle qui se met en branle ! »

Toutes les oreilles se tendirent vers l'horizon, et plus d'un crut entendre des battements lointains, tant le récit du docteur impressionnait son auditoire.

« Soudain, s'écria-t-il, d'effroyables mugissements emplissent l'espace... ou plutôt des hurlements de fauves... Puis une clarté jaillit des fenêtres du donjon... Une flamme infernale illumine tout le plateau jusqu'à la sapinière... Nic Deck et moi, nous nous regardons...

Ah! l'épouvantable vision!... Nous sommes pareils à deux cadavres...
deux cadavres que ces lueurs blafardes font grimacer l'un en face
de l'autre!... »

Et, à regarder le docteur Patak avec sa figure convulsée, ses
yeux fous, il y avait vraiment lieu de se demander s'il ne revenait
pas de cet autre monde où il avait déjà envoyé bon nombre de ses
semblables!

Il fallut lui laisser reprendre haleine, car il eût été incapable de
continuer son récit. Cela coûta à Jonas un second verre de rakiou,
qui parut rendre à l'ex-infirmier une partie de la raison que les
esprits lui avaient fait perdre.

« Mais enfin, qu'est-il arrivé à ce pauvre Nic Deck? » demanda
maître Koltz.

Et, non sans raison, le biró attachait une extrême importance
à la réponse du docteur, puisque c'était le jeune forestier qui
avait été personnellement visé par la voix des génies dans la grande
salle du *Roi Mathias*.

« Voici ce qui m'est resté dans la mémoire, répondit le docteur.
Le jour était revenu... J'avais supplié Nic Deck de renoncer à ses
projets... Mais vous le connaissez... il n'y a rien à obtenir d'un entêté
pareil... Il est descendu dans le fossé... et j'ai été forcé de le suivre,
car il m'entraînait... D'ailleurs, je n'avais plus conscience de ce que
je faisais... Nic s'avance alors jusqu'au-dessous de la poterne... Il
saisit une chaîne du pont-levis avec laquelle il se hisse le long de
la courtine... A ce moment, le sentiment de la situation me revient...
Il est temps encore de l'arrêter, cet imprudent... je dirai plus, ce
sacrilège!... Une dernière fois, je lui ordonne de redescendre, de revenir en arrière, de reprendre avec moi le chemin de Werst... « Non! »
me crie-t-il... Je veux fuir... oui... mes amis... je l'avoue... j'ai voulu
fuir, et il n'est pas un de vous qui n'aurait eu la même pensée à ma
place!... Mais c'est en vain que je cherche à me dégager du sol...
Mes pieds y sont cloués... vissés... enracinés... J'essaie de les en arracher... c'est impossible... J'essaie de me débattre... c'est inutile. »

Et le docteur Patak imitait les mouvements désespérés d'un homme retenu par les jambes, semblable à un renard qui s'est laissé prendre au piège.

Puis, revenant à son récit :

« En ce moment, dit-il, un cri se fait entendre... et quel cri!.. C'est Nic Deck qui l'a poussé... Ses mains, accrochées à la chaîne, ont lâché prise, et il tombe au fond du fossé, comme s'il avait été frappé par une main invisible! »

Il est certain que le docteur venait de raconter les choses de la façon qu'elles s'étaient passées, et son imagination n'y avait rien ajouté, si troublée qu'elle fût. Tels il les avait décrits, tels s'étaient produits les prodiges dont le plateau d'Orgall avait été le théâtre pendant la nuit dernière.

Quant à ce qui a suivi la chute de Nic Deck, le voici : Le forestier est évanoui et le docteur Patak est incapable de lui venir en aide, car ses bottes sont clouées au sol, et ses pieds gonflés n'en peuvent sortir... Soudain, l'invisible force qui l'enchaîne est brusquement rompue... Ses jambes sont libres... Il se précipite vers son compagnon, et — ce qui était de sa part un fier acte de courage... il mouille la figure de Nic Deck avec son mouchoir qu'il a trempé dans l'eau de la cunette... Le forestier reprend connaissance, mais son bras gauche et une partie de son corps sont inertes depuis l'effroyable secousse qu'il a subie... Cependant, avec l'aide du docteur, il parvient à se relever, à remonter le revers de la contrescarpe, à regagner le plateau... Puis, il se remet en route vers le village... Après une heure de marche, ses douleurs au bras et au flanc sont si violentes qu'elles l'obligent à s'arrêter... Enfin, c'est au moment où le docteur se disposait à partir afin d'aller chercher du secours à Werst, que maître Koltz, Jonas et Frik sont arrivés très à propos.

Pour ce qui est du jeune forestier, savoir s'il avait été gravement atteint, le docteur Patak évitait de se prononcer, bien qu'il montrât habituellement une rare assurance, lorsqu'il s'agissait d'un cas médical.

« Si l'on est malade d'une maladie naturelle, se contenta-t-il de
répondre d'un ton dogmatique, c'est déjà grave ! Mais, s'agit-il d'une
maladie surnaturelle, que le Chort vous envoie dans le corps, il n'y
a guère que le Chort qui puisse la guérir ! »

A défaut de diagnostic, ce pronostic n'était pas rassurant pour
Nic Deck. Très heureusement, ces paroles n'étaient point paroles
d'évangile, et combien de médecins se sont trompés depuis Hippo-
crate et Galien et se trompent journellement, qui sont supérieurs
au docteur Patak. Le jeune forestier était un gars solide ; avec sa vigoureuse constitution, il était permis d'espérer qu'il s'en tirerait —
même sans aucune intervention diabolique, — et à la condition
de ne pas suivre trop exactement les prescriptions de l'ancien infirmier de la quarantaine.

<hr />

VIII

De tels événements ne pouvaient pas calmer les terreurs des
habitants de Werst. Il n'y avait plus à en douter maintenant, ce
n'étaient pas de vaines menaces que la « bouche d'ombre », comme
dirait le poète, avait fait entendre aux clients du *Roi Mathias*. Nic
Deck, frappé d'une manière inexplicable, avait été puni de sa
désobéissance et de sa témérité. N'était-ce pas un avertissement à
l'adresse de tous ceux qui seraient tentés de suivre son exemple ?
Interdiction formelle de chercher à s'introduire dans le château des
Carpathes, voilà ce qu'il fallait conclure de cette déplorable tentative.
Quiconque la reprendrait, y risquerait sa vie. Très certainement, si le

forestier fût parvenu à franchir la courtine, il n'aurait jamais reparu au village.

Il suit de là que l'épouvante fut plus complète que jamais à Werst, même à Vulkan, et aussi dans toute la vallée des deux Sils. On ne parlait rien moins que d'abandonner le pays; déjà quelques familles tsiganes émigraient plutôt que de séjourner au voisinage du burg. A présent qu'il servait de refuge à des êtres surnaturels et malfaisants, c'était au delà de ce que pouvait supporter le tempérament public. Il n'y avait plus qu'à s'en aller vers quelque autre région du comitat, à moins que le gouvernement hongrois ne se décidât à détruire cet inabordable repaire. Mais le château des Carpathes était-il destructible par les seuls moyens que des hommes eussent à leur disposition?

Pendant la première semaine de juin, personne ne s'aventura hors du village, pas même pour vaquer aux travaux de culture. Le moindre coup de bêche ne pouvait-il provoquer l'apparition d'un fantôme, enfoui dans les entrailles du sol?... Le coutre de la charrue, en creusant le sillon, ne ferait-il pas envoler des bandes de staffli ou de striges?.. Où l'on sèmerait du grain de blé ne pousserait-il pas de la graine de démons?

« C'est ce qui ne manquerait pas d'arriver! » disait le berger Frik d'un ton convaincu.

Et, pour son compte, il se gardait bien de retourner avec ses moutons dans les pâtures de la Sil.

Ainsi, le village était terrorisé. Le travail des champs était entièrement délaissé. On se tenait chez soi, portes et fenêtres closes. Maître Koltz ne savait quel parti prendre pour ramener chez ses administrés une confiance qui lui faisait défaut, d'ailleurs, à lui-même. Décidément, le seul moyen, ce serait d'aller à Kolosvar, afin de réclamer l'intervention des autorités.

Et la fumée, est-ce qu'elle reparaissait encore à la pointe de la cheminée du donjon?... Oui, plusieurs fois la lunette permit de l'apercevoir, au milieu des vapeurs qui traînaient à la surface du plateau d'Orgall.

Miriota courut à leur rencontre. (Page 88.)

.Et les nuages, la nuit venue, est-ce qu'ils ne prenaient pas une teinte rougeâtre, semblable à quelque reflet d'incendie?... Oui, et on eût dit que des volutes enflammées tourbillonnaient au-desssus du château.

Et ces·mugissements, qui avaient tant effrayé le docteur Patak, se propageaient-ils à travers les' massifs du Plesa, à la grande épou-vante des habitants de Werst?... Oui, ou du moins, malgré la dis-

Quelques familles tsiganes émigrèrent. (Page 95.)

tance, les vents de sud-ouest apportaient de terribles grondements
que répercutaient les échos du col.

En outre, d'après ces gens affolés, on eût dit que le sol était
agité de trépidations souterraines, comme si un ancien cratère se
fût rallumé à la chaîne des Carpathes. Mais peut-être y avait-il
une bonne part d'exagération dans ce que les Werstiens croyaient
voir, entendre et ressentir. Quoi qu'il en soit, il s'était produit des

13

faits positifs, tangibles, on en conviendra, et il n'y avait plus moyen
de vivre en un pays si extraordinairement machiné.

Il va de soi que l'auberge du *Roi Mathias* continuait d'être
déserte. Un lazaret en temps d'épidémie n'eût pas été plus abandonné. Personne n'avait l'audace d'en franchir le seuil, et Jonas se
demandait si, faute de clients, il n'en serait pas réduit à cesser son
commerce, lorsque l'arrivée de deux voyageurs vint modifier cet état
de choses.

Dans la soirée du 9 juin, vers huit heures, le loquet de la porte
fut soulevé du dehors; mais cette porte, verrouillée en dedans, ne put
s'ouvrir.

Jonas, qui avait déjà regagné sa mansarde, se hâta de descendre. A l'espoir qu'il éprouvait de se trouver en face d'un hôte
se joignait la crainte que cet hôte ne fût quelque revenant de mauvaise mine, auquel il ne saurait trop se hâter de refuser souper et
gîte.

Jonas se mit donc à parlementer prudemment à travers la porte,
sans l'ouvrir.

« Qui est là? demanda-t-il.

— Ce sont deux voyageurs.

— Vivants?...

— Très vivants.

— En êtes-vous bien sûrs?...

— Aussi vivants qu'on peut l'être, monsieur l'aubergiste, mais
qui ne tarderont pas à mourir de faim, si vous avez la cruauté de les
laisser dehors. »

Jonas se décida à repousser les verrous, et deux hommes fran-
chirent le seuil de la salle.

A peine furent-ils entrés que leur premier soin fut de demander
chacun une chambre, ayant intention de séjourner pendant vingt-
quatre heures à Werst.

A la clarté de sa lampe, Jonas examina les nouveaux venus avec
une extrême attention, et il acquit la certitude que c'étaient bien

des êtres humains auxquels il avait affaire. Quelle bonne fortune pour le *Roi Mathias!*

Le plus jeune de ces voyageurs paraissait avoir trente-deux ans environ. Une taille élevée, une figure noble et belle, des yeux noirs, des cheveux châtain foncé, une barbe brune élégamment taillée, la physionomie un peu triste mais fière, tout cela était d'un gentilhomme, et un aubergiste aussi observateur que Jonas ne pouvait s'y tromper.

Au surplus, lorsqu'il eut demandé sous quel nom il devait inscrire les deux voyageurs :

« Le comte Franz de Télek, répondit le jeune homme, et son soldat Rotzko.

— De quel pays?...

— De Krajowa. »

Krajowa est une des principales bourgades de l'état de Roumanie, qui confine aux provinces transylvaines vers le sud de la chaîne des Carpathes. Franz de Télek était donc de race roumaine, — ce que Jonas avait reconnu au premier aspect.

Quant à Rotzko, homme d'une quarantaine d'années, grand, robuste, épaisse moustache, cheveux drus, poils rudes, il avait une tournure bien militaire. Il portait même le sac du soldat, retenu sur ses épaules par des bretelles, et une valise assez légère qu'il tenait à la main.

C'était là tout le bagage du jeune comte, qui voyageait en touriste, à pied le plus souvent. Cela se voyait à son costume, manteau en bandoulière, passe-montagne sur la tête, vareuse serrée à la taille par un ceinturon d'où pendait la gaîne de cuir du couteau valaque, guêtres s'ajustant étroitement à des souliers larges et épais de semelle.

Ces deux voyageurs n'étaient autres que ceux rencontrés par le berger Frik, une dizaine de jours auparavant, sur la route du col, alors qu'ils se dirigeaient vers le Retyezat. Après avoir visité la contrée jusqu'aux limites du Maros, et avoir fait l'ascension de la montagne,

ils venaient prendre un peu de repos au village de Werst, pour
remonter ensuite la vallée des deux Sils.

« Vous avez des chambres à nous donner ? demanda Franz de Télek.

— Deux... trois... quatre... autant qu'il plaira à monsieur le
comte, répondit Jonas.

— Deux suffiront, dit Rotzko ; il faut seulement qu'elles soient
l'une près de l'autre.

— Celles-ci vous conviendront-elles ? reprit Jonas, en ouvrant
deux portes à l'extrémité de la grande salle.

— Très bien, » répondit Franz de Télek.

On le voit, Jonas n'avait rien à craindre de ses nouveaux hôtes.
Ce n'étaient point des êtres surnaturels, des esprits ayant revêtu
l'apparence humaine. Non ! ce gentilhomme se présentait comme un
de ces personnages de distinction qu'un aubergiste est toujours très
honoré de recevoir. Voilà une heureuse circonstance qui ramènerait la
vogue au *Roi Mathias*.

« A quelle distance sommes-nous de Kolosvar ? demanda le jeune
comte.

— A une cinquantaine de milles, en suivant la route qui passe
par Petroseny et Karlsburg, répondit Jonas.

— Est-ce que l'étape est fatigante ?

— Très fatigante pour des piétons, et, s'il m'est permis d'adresser
cette observation à monsieur le comte, il parait avoir besoin d'un repos
de quelques jours...

— Pouvons-nous souper ? demanda Franz de Télek en coupant
court aux invites de l'aubergiste.

— Une demi-heure de patience, et j'aurai l'honneur d'offrir à monsieur le comte un repas digne de lui...

— Du pain, du vin, des œufs et de la viande froide nous suffiront pour ce soir.

— Je vais vous servir.

— Le plus tôt possible.

— A l'instant. »

Et Jonas se disposait à regagner la cuisine, lorsqu'une question l'arrêta.

« Vous ne semblez pas avoir grand monde à votre auberge ?... dit Franz de Télek.

— En effet... il ne s'y trouve personne en ce moment, monsieur le comte.

— Ce n'est donc pas l'heure où les gens du pays viennent boire en fumant leur pipe ?

— L'heure est passée... monsieur le comte... car on se couche avec les poules au village de Werst. »

Jamais il n'aurait voulu dire pourquoi le *Roi Mathias* ne renfermait pas un seul client.

« Est-ce que votre village ne compte pas de quatre à cinq cents habitants ?

— Environ, monsieur le comte.

— Pourtant, nous n'avons pas rencontré âme qui vive en descendant la principale rue...

— C'est que... aujourd'hui... nous sommes au samedi... et la veille du dimanche... »

Franz de Télek n'insista pas, heureusement pour Jonas, qui ne savait plus que répondre. Pour rien au monde il ne se serait décidé à avouer la situation. Les étrangers ne l'apprendraient que trop tôt, et qui sait s'ils ne se hâteraient pas de fuir un village suspect à si juste titre !

« Pourvu que la voix ne recommence pas à bavarder, tandis qu'ils seront en train de souper ! » pensait Jonas, en dressant la table au milieu de la salle.

Quelques instants après, le très simple repas qu'avait commandé le jeune comte était proprement servi sur une nappe bien blanche. Franz de Télek s'assit, et Rotzko prit place en face de lui, suivant leur habitude en voyage. Tous deux mangèrent de grand appétit ; puis, le repas achevé, ils se retirèrent chacun dans sa chambre.

Comme le jeune comte et Rotzko n'avaient point échangé dix paroles pendant le repas, Jonas n'avait pu en aucune façon se mêler à leur conversation — à son vif déplaisir. Du reste, Franz de Télek paraissait être peu communicatif. Quant à Rotzko, après l'avoir observé, l'aubergiste comprit qu'il n'aurait rien à en tirer de ce qui concernait la famille de son maitre.

Jonas avait donc dû se contenter de souhaiter le bonsoir à ses hôtes. Mais, avant de remonter à sa mansarde, il parcourut la grande salle du regard, prêtant une oreille inquiète aux moindres bruits du dedans et du dehors, et se répétant :

« Pourvu que cette abominable voix ne les réveille pas pendant leur sommeil! »

'La nuit s'écoula tranquillement.

Le lendemain, dès le point du jour, la nouvelle se répandit que deux voyageurs étaient descendus au *Roi Mathias*, et nombre d'habitants accoururent devant l'auberge.

Très fatigués par leur excursion de la veille, Franz de Télek et Rotzko dormaient encore. Il n'était guère probable qu'ils eussent l'intention de se lever avant sept ou huit heures du matin.

De là, grande impatience des curieux, qui, pourtant, n'auraient pas eu le courage d'entrer dans la salle tant que les voyageurs n'auraient pas quitté leur chambre.

Tous deux parurent enfin sur le coup de huit heures.

Rien de fâcheux ne leur était arrivé. On put les voir allant et venant dans l'auberge. Puis ils s'assirent pour leur déjeuner du matin. Cela ne laissait pas d'être rassurant.

D'ailleurs, Jonas, debout sur le seuil de la porte, souriait d'un air aimable, invitant ses anciens clients à lui rendre leur confiance. Puisque le voyageur qui honorait le *Roi Mathias* de sa présence était un gentilhomme — un gentilhomme roumain, s'il vous plait, et de l'une des plus vieilles familles roumaines — que pouvait-on craindre en si noble compagnie?

Bref, il advint que maître Koltz, pensant qu'il était de son devoir de donner l'exemple, se hasarda à faire acte de présence.

Vers neuf heures, le biró entra, quelque peu hésitant. Presque aussitôt, il fut suivi du magister Hermod, de trois ou quatre autres habitués et du pâtour Frik. Quant au docteur Patak, il avait été impossible de le décider à les accompagner.

« Remettre le pied chez Jonas, avait-il répondu, jamais, quand il me paierait dix florins ma visite ! ».

Il convient de faire ici une remarque qui n'est pas sans avoir une certaine importance : si maître Koltz avait consenti à revenir au *Roi Mathias*, ce n'était pas dans l'unique but de satisfaire un sentiment de curiosité, ni par désir de se mettre en relation avec le comte Franz de Télek. Non ! L'intérêt entrait pour une bonne part dans sa détermination.

En effet, en sa qualité de voyageur, le jeune comte était astreint à payer une taxe de passage pour son soldat et pour lui. Or, on ne l'a point oublié, ces taxes allaient directement à la poche du premier magistrat de Werst.

Le biró vint donc faire sa réclamation en termes fort convenables, et Franz de Télek, quoique un peu surpris de la demande, s'empressa d'y faire droit.

Il offrit même à maître Koltz et au magister de s'asseoir un instant à sa table. Ceux-ci acceptèrent, ne pouvant refuser une offre si poliment formulée.

Jonas se hâta de servir des liqueurs variées, les meilleures de sa cave. Quelques gens de Werst demandèrent alors une tournée pour leur compte. Il y avait ainsi lieu de croire que l'ancienne clientèle, un instant dispersée, ne tarderait pas à reprendre le chemin du *Roi Mathias*.

Après avoir acquitté la taxe des voyageurs, Franz de Télek désira savoir si elle était productive.

« Pas autant que nous le voudrions, monsieur le comte, répondit maître Koltz.

Jonas examina les nouveaux venus. (Page 98.)

— Est-ce que les étrangers ne visitent que rarement cette partie
de la Transylvanie?

— Rarement, en effet, répliqua le biró, et pourtant le pays mérite
d'être exploré.

— C'est mon avis, dit le jeune comte. Ce que j'en ai vu m'a paru
digne d'attirer l'attention des voyageurs. Du sommet du Retyezat,
j'ai beaucoup admiré les vallées de la Sil, les bourgades que l'on dé-

« J'ai dit : Oh! oh! monsieur le comte. » (Page 107.)

couvre dans l'est, et ce cirque de montagnes que ferme en arrière le massif des Carpathes.

— C'est fort beau, monsieur le comte, c'est fort beau, répondit le magister Hermod, et, pour compléter votre excursion, nous vous engageons à faire l'ascension du Paring.

— Je crains de ne point avoir le temps nécessaire, répondit Franz de Télek.

14

— Une journée suffirait.

— Sans doute, mais je me rends à Karlsburg, et je compte partir demain matin.

— Quoi, monsieur le comte songerait à nous quitter si tôt? » dit Jonas en prenant son air le plus gracieux.

Et il n'aurait pas été fâché de voir ses deux hôtes prolonger leur halte au *Roi Mathias*.

« Il le faut, répondit le comte de Télek. Du reste, à quoi me servirait de séjourner à Werst?...

— Croyez que notre village vaut la peine d'arrêter quelque temps un touriste! fit observer maître Koltz.

— Cependant, il paraît être peu fréquenté, répliqua le jeune comte, et c'est probablement parce que ses environs n'offrent rien de curieux...

— En effet, rien de curieux... dit le biró, en songeant au burg

— Non... rien de curieux... répéta le magister.

— Oh!... Oh!... » fit le berger Frik, auquel cette exclamation échappa involontairement.

Quels regards lui jetèrent maître Koltz et les autres — et plus particulièrement l'aubergiste! Était-il donc urgent de mettre un étranger au courant des secrets du pays? Lui dévoiler ce qui se passait sur le plateau d'Orgall, signaler à son attention le château des Carpathes, n'était-ce pas vouloir l'effrayer, lui donner l'envie de quitter le village? Et à l'avenir, quels voyageurs voudraient suivre la route du col de Vulkan pour pénétrer en Transylvanie?

Vraiment, ce pâtour ne montrait pas plus d'intelligence que le dernier de ses moutons.

« Mais tais-toi donc, imbécile, tais-toi donc! » lui dit à mi-voix maître Koltz.

Toutefois, la curiosité du jeune comte ayant été éveillée, il s'adressa directement à Frik, lui demanda ce que signifiait ces oh! oh! interjectifs.

Le berger n'était point homme à reculer, et, au fond, peut-être pensait-il que Franz de Télek pourrait donner un bon conseil dont le village ferait son profit.

« J'ai dit : Oh!... Oh!... monsieur le comte, répliqua-t-il, et je ne m'en dédis point.

— Y a-t-il dans les environs de Werst quelque merveille à visiter? reprit le jeune comte.

— Quelque merveille... répliqua maître Koltz.

— Non!... non!... » s'écrièrent les assistants.

Et ils s'effrayaient déjà à la pensée qu'une seconde tentative faite pour pénétrer dans le burg ne manquerait pas d'attirer de nouveaux malheurs.

Franz de Télek, non sans un peu de surprise, observa ces braves gens, dont les figures exprimaient diversement la terreur, mais d'une manière très significative.

« Qu'il y a-t-il donc?... demanda-t-il.

— Ce qu'il y a, mon maître? répondit Rotzko. Eh bien, paraît-il, il y a le château des Carpathes.

— Le château des Carpathes?...

— Oui!... c'est le nom que ce berger vient de me glisser dans l'oreille. »

Et, ce disant, Rotzko montrait Frik, qui secouait la tête sans trop oser regarder le biró.

Maintenant une brèche était faite au mur de la vie privée du superstitieux village, et toute son histoire ne tarda pas à passer par cette brèche.

Maître Koltz, qui en avait pris son parti, voulut lui-même faire connaître la situation au jeune comte, et il lui raconta tout ce qui concernait le château des Carpathes.

Il va sans dire que Franz de Télek ne put cacher l'étonnement que ce récit lui fit éprouver et les sentiments qu'il lui suggéra. Quoique médiocrement instruit des choses de science, à l'exemple des jeunes gens de sa condition qui vivaient en leurs châteaux au fond de campagnes valaques, c'était un homme de bon sens. Aussi, croyait-il peu aux apparitions, et se riait-il volontiers des légendes. Un burg hanté par des esprits, cela était bien pour exciter son incrédulité. A son avis, dans ce que venait de lui raconter maître Koltz, il n'y avait rien de merveilleux, mais uniquement quelques faits plus ou moins établis, auxquels les gens de Werst attribuaient une origine surnaturelle. La fumée du donjon, la cloche sonnant à toute volée, cela pouvait s'expliquer très simplement. Quant aux fulgurations et aux mugissements sortis de l'enceinte, c'était pur effet d'hallucination.

Franz de Télek ne se gêna point pour le dire et en plaisanter, au grand scandale de ses auditeurs.

« Mais, monsieur le comte, lui fit observer maître Koltz, il y a encore autre chose.

— Autre chose?...

— Oui! Il est impossible de pénétrer à l'intérieur du château des Carpathes.

— Vraiment?...

— Notre forestier et notre docteur ont voulu en franchir les murailles, il y a quelques jours, par dévouement pour le village, et ils ont failli payer cher leur tentative.

— Que leur est-il arrivé?... » demanda Franz de Télek d'un ton assez ironique.

Maître Koltz raconta en détail les aventures de Nic Deck et du docteur Patak.

« Ainsi, dit le jeune comte, lorsque le docteur a voulu sortir du fossé, ses pieds étaient si fortement retenus au sol qu'il n'a pu faire un pas en avant?...

— Ni un pas en avant ni un pas en arrière! ajouta le magister Hermod.

— Il l'aura cru, votre docteur, répliqua Franz de Télek, et c'est la peur qui le talonnait... jusque dans les talons!

— Soit, monsieur le comte, reprit maître Koltz. Mais comment expliquer que Nic Deck ait éprouvé une effroyable secousse, quand il a mis la main sur la ferrure du pont-levis...

— Quelque mauvais coup dont il a été victime...

— Et même si mauvais, reprit le biró, qu'il est au lit depuis ce jour-là...

— Pas en danger de mort, je l'espère? se hâta de répliquer le jeune comte.

— Non... par bonheur. »

En réalité, il y avait là un fait matériel, un fait indéniable, et maître Koltz attendait l'explication que Franz de Télek en allait donner.

Voici ce qu'il répondit très explicitement.

« Dans tout ce que je viens d'entendre, il n'y a rien, je le répète, qui ne soit très simple. Ce qui n'est pas douteux pour moi, c'est que le château des Carpathes est maintenant occupé. Par qui?... Je l'ignore. En tout cas, ce ne sont point des esprits, ce sont des gens qui ont intérêt à se cacher, après y avoir cherché refuge... sans doute des malfaiteurs...

— Des malfaiteurs?... s'écria maître Koltz.

— C'est probable, et comme ils ne veulent point que l'on vienne les y relancer, ils ont tenu à faire croire que le burg était hanté par des êtres surnaturels.

— Quoi, monsieur le comte, répondit le magister Hermod, vous pensez?...

— Je pense que ce pays est très superstitieux, que les hôtes du château le savent, et qu'ils ont voulu prévenir de cette façon la visite des importuns. »

Il était vraisemblable que les choses avaient dû se passer ainsi; mais on ne s'étonnera pas que personne à Werst ne voulût admettre cette explication.

Le jeune comte vit bien qu'il n'avait aucunement convaincu un auditoire qui ne voulait pas se laisser convaincre. Aussi se contenta-t-il d'ajouter :

« Puisque vous ne voulez pas vous rendre à mes raisons, messieurs, continuez à croire tout ce qu'il vous plaira du château des Carpathes.

— Nous croyons ce que nous avons vu, monsieur le comte, répondit maître Koltz.

— Et ce qui est, ajouta le magister.

— Soit, et, vraiment, je regrette de ne pouvoir disposer de vingt-quatre heures, car Rotzko et moi, nous serions allés visiter votre fameux burg, et je vous assure que nous aurions bientôt su à quoi nous en tenir...

— Visiter le burg !... s'écria maître Koltz.

— Sans hésiter, et le diable en personne ne nous eût pas empêchés d'en franchir l'enceinte. »

En entendant Franz de Télek s'exprimer en termes si positifs, si moqueurs même, tous furent saisis d'une bien autre épouvante. Est-ce que de traiter les esprits du château avec ce sans-gêne, cela n'était pas pour attirer quelque catastrophe sur le village ?... Est-ce que ces génies n'entendaient pas tout ce qui se disait à l'auberge du *Roi Mathias ?...* Est-ce que la voix n'allait pas y retentir une seconde fois ?

Et, à ce propos, maître Koltz apprit au jeune comte dans quelles conditions le forestier avait été, en nom propre, menacé d'un terrible châtiment, s'il s'avisait de vouloir découvrir les secrets du burg.

Franz de Télek se contenta de hausser les épaules ; puis, il se leva, disant que jamais aucune voix n'avait pu être entendue dans cette salle, comme on le prétendait. Tout cela, affirma-t-il, n'existait que dans l'imagination des clients par trop crédules et un peu trop amateurs du schnaps du *Roi Mathias.*

Là-dessus, quelques-uns se dirigèrent vers la porte, peu soucieux de rester plus longtemps en un logis où ce jeune sceptique osait soutenir de pareilles choses.

Franz de Télek les arrêta d'un geste.

« Décidément, messieurs, dit-il, je vois que le village de Werst est sous l'empire de la peur.

— Et ce n'est pas sans raison, monsieur le comte, répondit maître Koltz

— Eh bien, le moyen est tout indiqué d'en finir avec les machi-
nations qui, selon vous, se passent au château des Carpathes. Après
demain, je serai à Karlsburg, et, si vous le voulez, je préviendrai les
autorités de la ville. On vous enverra une escouade de gendarmes ou
d'agents de la police, et je vous réponds que ces braves sauront bien
pénétrer dans le burg, soit pour chasser les farceurs qui se jouent de
votre crédulité, soit pour arrêter les malfaiteurs qui préparent peut-
être quelque mauvais coup. »

Rien n'était plus acceptable que cette proposition, et pourtant elle
ne fut pas du goût des notables de Werst. A les en croire, ni les
gendarmes, ni la police, ni l'armée elle-même, n'auraient raison de
ces êtres surhumains, disposant pour se défendre de procédés surnaturels.

« Mais j'y pense, messieurs, reprit alors le jeune comte, vous ne
m'avez pas encore dit à qui appartient ou appartenait le château des
Carpathes?

— A une ancienne famille du pays, la famille des barons de Gortz,
répondit maître Koltz.

— La famille de Gortz?... s'écria Franz de Télek.

— Elle-même !

— Cette famille dont était le baron Rodolphe?...

— Oui, monsieur le comte.

— Et vous savez ce qu'il est devenu?...

— Non. Voilà nombre d'années que le baron de Gortz n'a reparu
au château. »

Franz de Télek avait pâli, et, machinalement, il répétait ce nom
d'une voix altérée :

« Rodolphe de Gortz! »

IX

La famille des comtes de Télek, l'une des plus anciennes et des plus illustres de la Roumanie, y tenait déjà un rang considérable avant que le pays eût conquis son indépendance vers le commencement du XVI° siècle. Mêlée à toutes les péripéties politiques qui forment l'histoire de ces provinces, le nom de cette famille s'y est inscrit glorieusement.

Actuellement, moins favorisée que ce fameux hêtre du château des Carpathes, auquel il restait encore trois branches, la maison de Télek se voyait réduite à une seule, la branche des Télek de Krajowa, dont le dernier rejeton était ce jeune gentilhomme qui venait d'arriver au village de Werst.

Pendant son enfance, Franz n'avait jamais quitté le château patrimonial, où demeuraient le comte et la comtesse de Télek. Les descendants de cette famille jouissaient d'une grande considération et ils faisaient un généreux usage de leur fortune. Menant la vie large et facile de la noblesse des campagnes, c'est à peine s'ils quittaient le domaine de Krajowa une fois l'an, lorsque leurs affaires les appelaient à la bourgade de ce nom, bien qu'elle ne fût distante que de quelques milles.

Ce genre d'existence influa nécessairement sur l'éducation de leur fils unique, et Franz devait longtemps se ressentir du milieu où s'était écoulée sa jeunesse. Il n'eut pour instituteur qu'un vieux prêtre italien, qui ne put rien lui apprendre que ce qu'il savait, et il ne savait pas grand'chose. Aussi l'enfant, devenu jeune homme, n'avait-il

Attaquer les fauves des montagnes... (Page 113.)

acquis que de très insuffisantes connaissances dans les sciences, les arts et la littérature contemporaine. Chasser avec passion, courir nuit et jour à travers les forêts et les plaines, poursuivre cerfs ou sangliers, attaquer, le couteau à la main, les fauves des montagnes, tels furent les passe-temps ordinaires du jeune comte, lequel, étant très brave et très résolu, accomplit de véritables prouesses en ces rudes exercices,

La comtesse de Télek mourut, quand son fils avait à peine quinze ans, et il n'en comptait pas vingt et un, lorsque le comte périt dans un accident de chasse.

La douleur du jeune Franz fut extrême. Comme il avait pleuré sa mère, il pleura son père. L'un et l'autre venaient de lui être enlevés en peu d'années. Toute sa tendresse, tout ce que son cœur renfermait d'affectueux élans, s'était jusqu'alors concentré dans cet amour filial, qui peut suffire aux expansions du premier âge et de l'adolescence. Mais, lorsque cet amour vint à lui manquer, n'ayant jamais eu d'amis, et son précepteur étant mort, il se trouva seul au monde.

Le jeune comte resta encore trois années au château de Krajowa, d'où il ne voulait point sortir. Il y vivait sans chercher à se créer aucunes relations extérieures. A peine alla-t-il une ou deux fois à Bucharest, parce que certaines affaires l'y obligeaient. Ce n'étaient d'ailleurs que de courtes absences, car il avait hâte de revenir à son domaine.

Cependant cette existence ne pouvait toujours durer, et Franz finit par sentir le besoin d'élargir un horizon que limitaient étroitement les montagnes roumaines et de s'envoler au delà.

Le jeune comte avait environ vingt-trois ans, lorsqu'il prit la résolution de voyager. Sa fortune devait lui permettre de satisfaire largement ses nouveaux goûts. Un jour, il abandonna le château de Krajowa à ses vieux serviteurs, et quitta le pays valaque. Il emmenait avec lui Rotzko, un ancien soldat roumain, depuis dix ans déjà au service de la famille de Télek, le compagnon de toutes ses expéditions de chasse. C'était un homme de courage et de résolution, entièrement dévoué à son maître.

L'intention du jeune comte était de visiter l'Europe, en séjournant quelques mois dans les capitales et les villes importantes du continent. Il estimait, non sans raison, que son instruction, qui n'avait été qu'ébauchée au château de Krajowa, pourrait se compléter par les enseignements d'un voyage, dont il avait soigneusement préparé le plan.

Ce fut l'Italie que Franz de Télek voulut visiter d'abord, car il parlait assez couramment la langue italienne que le vieux prêtre lui avait apprise. L'attrait de cette terre, si riche de souvenirs et vers laquelle il se sentait préférablement attiré, fut tel qu'il y demeura quatre ans. Il ne quittait Venise que pour Florence, Rome que pour Naples, revenant sans cesse à ces centres artistes, dont il ne pouvait s'arracher. La France, l'Allemagne, l'Espagne, la Russie, l'Angleterre, il les verrait plus tard, il les étudierait même avec plus de profit — lui semblait-il — lorsque l'âge aurait mûri ses idées. Au contraire, il faut avoir toute l'effervescence de la jeunesse pour goûter le charme des grandes cités italiennes.

Franz de Télek avait vingt-sept ans, lorsqu'il vint à Naples pour la dernière fois. Il ne comptait y passer que quelques jours, avant de se rendre en Sicile. C'est par l'exploration de l'ancienne *Trinacria* qu'il voulait terminer son voyage; puis, il retournerait au château de Krajowa afin d'y prendre une année de repos.

Une circonstance inattendue allait non seulement changer ses dispositions, mais décider de sa vie et en modifier le cours.

Pendant ces quelques années vécues en Italie, si le jeune comte avait médiocrement gagné du côté des sciences pour lesquelles il ne se sentait aucune aptitude, du moins le sentiment du beau lui avait-il été révélé comme à un aveugle la lumière. L'esprit largement ouvert aux splendeurs de l'art, il s'enthousiasmait devant les chefs-d'œuvre de la peinture, lorsqu'il visitait les musées de Naples, de Venise, de Rome et de Florence. En même temps, les théâtres lui avaient fait connaître les œuvres lyriques de cette époque, et il s'était passionné pour l'interprétation des grands artistes.

Ce fut lors de son dernier séjour à Naples, et dans les circonstances particulières qui vont être rapportées, qu'un sentiment d'une nature plus intime, d'une pénétration plus intensive, s'empara de son cœur.

Il y avait à cette époque au théâtre San-Carlo une célèbre cantatrice, dont la voix pure, la méthode achevée, le jeu dramatique, fai-

saient l'admiration des dilettanti. Jusqu'alors la Stilla n'avait jamais
recherché les bravos de l'étranger, et elle ne chantait pas d'autre
musique que la musique italienne, qui avait repris le premier rang
dans l'art de la composition. Le théâtre de Carignan à Turin, la Scala
à Milan, le Fenice à Venise, le théâtre Alfieri à Florence, le théâtre
Apollo à Rome, San-Cárlo à Naples, la possédaient tour à tour, et
ses triomphes ne lui laissaient aucun regret de n'avoir pas encore
paru sur les autres scènes de l'Europe.

La Stilla, alors âgée de vingt-cinq ans, était une femme d'une
beauté incomparable, avec sa longue chevelure aux teintes dorées,
ses yeux noirs et profonds, où s'allumaient des flammes, la pureté
de ses traits, sa carnation chaude, sa taille que le ciseau d'un Praxi-
tèle n'aurait pu former plus parfaite. Et de cette femme se dégageait
une artiste sublime, une autre Malibran, dont Musset aurait pu dire
aussi :

> Et tes chants dans les cieux emportaient la douleur !

Mais cette voix que le plus aimé des poètes a célébrée en ses
stances immortelles :

> ... cette voix du cœur qui seule au cœur arrive,

cette voix, c'était celle de la Stilla dans toute son inexprimable ma-
gnificence.

Cependant, cette grande artiste qui reproduisait avec une telle
perfection les accents de la tendresse, les sentiments les plus puissants de l'âme, jamais, disait-on, son cœur n'en avait ressenti les
effets. Jamais elle n'avait aimé, jamais ses yeux n'avaient répondu
aux mille regards qui l'enveloppaient sur la scène. Il semblait qu'elle
ne voulût vivre que dans son art et uniquement pour son art.

Dès la première fois qu'il vit la Stilla, Franz éprouva les entraî-
nements irrésistibles d'un premier amour. Aussi, renonçant au

projet qu'il avait formé de quitter l'Italie, après avoir visité la Sicile, résolut-il de rester à Naples jusqu'à la fin de la saison. Comme si quelque lien invisible qu'il n'aurait pas eu la force de rompre, l'eût attaché à la cantatrice, il était de toutes ces représentations que l'enthousiasme du public transformait en véritables triomphes. Plusieurs fois, incapable de maîtriser sa passion, il avait essayé d'avoir accès près d'elle; mais la porte de la Stilla demeura impitoyablement fermée pour lui comme pour tant d'autres de ses fanatiques admirateurs.

Il suit de là que le jeune comte fut bientôt le plus à plaindre des hommes. Ne pensant qu'à la Stilla, ne vivant que pour la voir et l'entendre, ne cherchant pas à se créer des relations dans le monde où l'appelaient son nom et sa fortune, sous cette tension du cœur et de l'esprit, sa santé ne tarda pas à être sérieusement compromise. Et que l'on juge de ce qu'il aurait souffert, s'il avait eu un rival. Mais, il le savait, nul n'aurait pu lui porter ombrage, — pas même un certain personnage assez étrange, dont les péripéties de cette histoire exigent que nous fassions connaître les traits et le caractère.

C'était un homme de cinquante à cinquante-cinq ans, — on le supposait, du moins, lors du dernier voyage de Franz de Télek à Naples. Cet être peu communicatif paraissait affecter de se tenir en dehors de ces conventions sociales qui sont acceptées des hautes classes. On ne savait rien de sa famille, de sa situation, de son passé. On le rencontrait aujourd'hui à Rome, demain à Florence, et, il faut le dire, suivant que la Stilla était à Florence ou à Rome. En réalité, on ne lui connaissait qu'une passion : entendre la prima-donna d'un si grand renom, qui occupait alors la première place dans l'art du chant.

Si Franz de Télek ne vivait plus que pour la Stilla depuis le jour où il l'avait vue sur le théâtre de Naples, il y avait six ans déjà que cet excentrique dilettante ne vivait plus que pour l'entendre, et il semblait que la voix de la cantatrice fût devenue nécessaire à sa vie comme l'air qu'il respirait. Jamais il n'avait cherché à la rencon-

trer ailleurs qu'à la scène, jamais il ne s'était présenté chez elle ni
ne lui avait écrit. Mais, toutes les fois que la Stilla devait chanter,
sur n'importe quel théâtre d'Italie, on voyait passer devant le con-
trôle un homme de taille élevée, enveloppé d'un long pardessus
sombre, coiffé d'un large chapeau lui cachant la figure. Cet homme se
hâtait de prendre place au fond d'une loge grillée, préalablement
louée pour lui. Il y restait enfermé, immobile et silencieux, pendant
toute la représentation. Puis, dès que la Stilla avait achevé son air
final, il s'en allait furtivement, et aucun autre chanteur, aucune autre
chanteuse, n'auraient pu le retenir; il ne les eût pas même entendus.

Quel était ce spectateur, si assidu? La Stilla avait en vain cherché
à l'apprendre. Aussi, étant d'une nature très impressionnable, avait-
elle fini par s'effrayer de la présence de cet homme bizarre, —
frayeur irraisonnée quoique très réelle en somme. Bien qu'elle ne
pût l'apercevoir au fond de sa loge, dont il ne baissait jamais la grille,
elle le savait là, elle sentait son regard impérieux fixé sur elle, et qui
la troublait à ce point qu'elle n'entendait même plus les bravos dont
le public accueillait son entrée en scène.

Il a été dit que ce personnage ne s'était jamais présenté à la
Stilla. Mais s'il n'avait pas essayé de connaître la femme, — nous
insisterons particulièrement sur ce point, — tout ce qui pouvait lui
rappeler l'artiste avait été l'objet de ses constantes attentions. C'est
ainsi qu'il possédait le plus beau des portraits que le grand peintre
Michel Gregorio eût fait de la cantatrice, passionnée, vibrante, sublime, incarnée dans l'un de ses plus beaux rôles, et ce portrait,
acquis au poids de l'or, valait le prix dont l'avait payé son admirateur.

Si cet original était toujours seul, lorsqu'il venait occuper sa loge
aux représentations de la Stilla, s'il ne sortait jamais de chez lui
que pour se rendre au théâtre, il ne faudrait pas en conclure qu'il
vécût dans un isolement absolu. Non, un compagnon, non moins
hétéroclite que lui, partageait son existence.

Cet individu s'appelait Orfanik. Quel âge avait-il, d'où venait-il, où était-il né? Personne n'aurait pu répondre à ces trois questions. A l'entendre, — car il causait volontiers, — il était un de ces savants méconnus, dont le génie n'a pu se faire jour, et qui ont pris le monde en aversion. On supposait, non sans raison, que ce devait être quelque pauvre diable d'inventeur que soutenait largement la bourse du riche dilettante.

Orfanik était de taille moyenne, maigre, chétif, étique, avec une de ces figures pâles que, dans l'ancien langage, on qualifiait de « chiches-faces ». Signe particulier, il portait une œillère noire sur son œil droit qu'il avait dû perdre dans quelque expérience de physique ou de chimie, et, sur son nez, une paire d'épaisses lunettes dont l'unique verre de myope servait à son œil gauche, allumé d'un regard verdâtre. Pendant ses promenades solitaires, il gesticulait, comme s'il eût causé avec quelque être invisible qui l'écoutait sans jamais lui répondre.

Ces deux types, l'étrange mélomane et le non moins étrange Orfanik, étaient fort connus, du moins autant qu'ils pouvaient l'être, en ces villes d'Italie, où les appelait régulièrement la saison théâtrale. Ils avaient le privilège d'exciter la curiosité publique, et, bien que l'admirateur de la Stilla eût toujours repoussé les reporters et leurs indiscrètes interviews, on avait fini par connaître son nom et sa nationalité. Ce personnage était d'origine roumaine, et, lorsque Franz de Télek demanda comment il s'appelait, on lui répondit :

« Le baron Rodolphe de Gortz. »

Les choses en étaient là à l'époque où le jeune comte venait d'arriver à Naples. Depuis deux mois, le théâtre San-Carlo ne désemplissait pas, et le succès de la Stilla s'accroissait chaque soir. Jamais elle ne s'était montrée aussi admirable dans les divers rôles de son répertoire, jamais elle n'avait provoqué de plus enthousiastes ovations.

A chacune de ces représentations, tandis que Franz occupait son fauteuil à l'orchestre, le baron de Gortz, caché au fond de sa loge,

s'absorbait dans ce chant exquis, s'imprégnait de cette voix pénétrante, faute de laquelle il semblait qu'il n'aurait pu vivre.

Ce fut alors qu'un bruit courut à Naples, — un bruit auquel le
public refusait de croire, mais qui finit par alarmer le monde des
dilettanti.

On disait que, la saison achevée, la Stilla allait renoncer au
théâtre. Quoi! dans toute la possession de son talent, dans toute la
plénitude de sa beauté, à l'apogée de sa carrière d'artiste, était-il
possible qu'elle songeât à prendre sa retraite?

Si invraisemblable que ce fût, c'était vrai, et, sans qu'il s'en dou-
tât, le baron de Gortz était en partie cause de cette résolution.

Ce spectateur aux allures mystérieuses, toujours là, quoique invisible derrière la grille de sa loge, avait fini par provoquer chez la
Stilla une émotion nerveuse et persistante, dont elle ne pouvait plus se
défendre. Dès son entrée en scène, elle se sentait impressionnée à un
tel point que ce trouble, très apparent pour le public, avait altéré peu
à peu sa santé. Quitter Naples, s'enfuir à Rome, à Venise, ou dans
toute autre ville de la péninsule, cela n'eût pas suffi, elle le savait, à
la délivrer de la présence du baron de Gortz. Elle ne fût même pas
parvenue à lui échapper, en abandonnant l'Italie pour l'Allemagne, la
Russie ou la France. Il la suivrait partout où elle irait se faire entendre, et, pour se délivrer de cette obsédante importunité, le seul
moyen était d'abandonner le théâtre.

Or, depuis deux mois déjà, avant que le bruit de sa retraite se fût
répandu, Franz de Télek s'était décidé à faire auprès de la cantatrice, une démarche, dont les conséquences devaient amener, par
malheur, la plus irréparable des catastrophes. Libre de sa personne,
maître d'une grande fortune, il avait pu se faire admettre chez la
Stilla et lui avait offert de devenir comtesse de Télek.

La Stilla n'était pas sans connaître de longue date les sentiments
qu'elle inspirait au jeune comte. Elle s'était dit que c'était un gentilhomme, auquel toute femme, même du plus haut monde, eût été
heureuse de confier son bonheur. Aussi, dans la disposition d'esprit

où elle se trouvait, lorsque Franz de Télek lui offrit son nom, l'accueil-
lit-elle avec une sympathie qu'elle ne chercha point à dissimuler.
Ce fut avec une entière foi dans ses sentiments qu'elle consentit à
devenir la femme du comte de Télek, et sans regret d'avoir à quitter
la carrière dramatique.

La nouvelle était donc vraie, la Stilla ne reparaitrait plus sur aucun
théâtre, dès que la saison de San-Carlo aurait pris fin. Son mariage,
dont on avait eu quelques soupçons, fut alors donné comme certain

On le pense, cela produisit un effet prodigieux non seulement parmi
le monde artiste, mais aussi dans le grand monde d'Italie. Après avoir
refusé de croire à la réalisation de ce projet, il fallut pourtant se
rendre. Jalousies et haines se dressèrent alors contre le jeune comte,
qui ravissait à son art, à ses succès, à l'idolâtrie des dilettanti, la
plus grande cantatrice de l'époque. Il en résulta des menaces personnelles à l'adresse de Franz de Télek — menaces dont le jeune
homme ne se préoccupa pas un instant.

Mais, s'il en fut ainsi dans le public, que l'on imagine ce que dut
éprouver Rodolphe de Gortz à la pensée que la Stilla allait lui être
enlevée, qu'il perdrait avec elle tout ce qui l'attachait à la vie. Le
bruit se répandit qu'il tenta d'en finir par le suicide. Ce qui est certain, c'est qu'à partir de ce jour, on cessa de voir Orfanik courir
les rues de Naples. Ne quittant plus le baron Rodolphe, il vint même
plusieurs fois s'enfermer avec lui dans cette loge de San-Carlo que
le baron occupait à chaque représentation, — ce qui ne lui était jamais arrivé, étant absolument réfractaire, comme tant d'autres
savants, au charme de la musique.

Cependant les jours s'écoulaient, l'émotion ne se calmait pas, et
elle allait être portée au comble le soir où la Stilla ferait sa dernière
apparition sur le théâtre. C'était dans le superbe rôle d'Angélica,
d'*Orlando*, ce chef-d'œuvre du maestro Arconati, qu'elle devait adresser
ses adieux au public.

Ce soir là, San-Carlo fut dix fois trop petit pour contenir les spectateurs qui se pressaient à ses portes et dont la majeure partie dut

16

rester sur la place. On craignait des manifestations contre le comte de Télek, sinon tandis que la Stilla serait en scène, du moins lorsque le rideau baisserait sur le cinquième acte de l'opéra.

Le baron de Gortz avait pris place dans sa loge, et, cette fois encore, Orfanik s'y trouvait près de lui.

La Stilla parut, plus émue qu'elle ne l'avait jamais été. Elle se remit pourtant, elle s'abandonna à son inspiration, elle chanta, avec quelle perfection, avec quel incomparable talent, cela ne saurait s'exprimer. L'enthousiasme indescriptible qu'elle excita parmi les spectateurs s'éleva jusqu'au délire.

Pendant la représentation, le jeune comte s'était tenu au fond de la coulisse, impatient, énervé, fiévreux, à ne pouvoir se modérer, maudissant la longueur des scènes, s'irritant des retards que provoquaient les applaudissements et les rappels. Ah! qu'il lui tardait d'arracher à ce théâtre celle qui allait devenir comtesse de Télek, et de l'emmener loin, bien loin, si loin, qu'elle ne serait plus qu'à lui, à lui seul!

Elle arriva, cette dramatique scène où meurt l'héroïne d'*Orlando*. Jamais l'admirable musique d'Arconati ne parut plus pénétrante, jamais la Stilla ne l'interpréta avec des accents plus passionnés. Toute son âme semblait se distiller à travers ses lèvres... Et, cependant, on eût dit que cette voix, déchirée par instants, allait se briser, cette voix qui ne devait plus se faire entendre!

En ce moment, la grille de la loge du baron de Gortz s'abaissa. Une tête étrange, aux longs cheveux grisonnants, aux yeux de flamme, se montra, sa figure extatique était effrayante de pâleur, et, du fond de la coulisse, Franz l'aperçut en pleine lumière, ce qui ne lui était pas encore arrivé.

La Stilla se laissait emporter alors à toute la fougue de cette enlevante stretta du chant final... Elle venait de redire cette phrase d'un sentiment sublime :

> Innamorata, mio cuore tremante,
> Voglio morire...

LE JEUNE COMTE S'ÉTAIT TENU AU FOND DE LA COULISSE. (Page 122.)

Soudain, elle s'arrête...

La face du baron de Gortz la terrifie... Une épouvante inexplicable la paralyse... Elle porte vivement la main à sa bouche, qui se rougit de sang... Elle chancelle... elle tombe...

Le public s'est levé, palpitant, affolé, au comble de l'angoisse... Un cri s'échappe de la loge du baron de Gortz...

Franz vient de se précipiter sur la scène, il prend la Stilla entre ses bras, il la relève... il la regarde... il l'appelle...

« Morte!... morte!... s'écrie-t-il, morte!... »

La Stilla est morte... Un vaisseau s'est rompu dans sa poitrine... Son chant s'est éteint avec son dernier soupir!

. . . .

Le jeune comte fut rapporté à son hôtel, dans un tel état que l'on craignit pour sa raison. Il ne put assister aux funérailles de la Stilla, qui furent célébrées au milieu d'un immense concours de la population napolitaine.

Au cimetière du *Campo Santo Nuovo*, où la cantatrice fut inhumée, on ne lit que ce nom sur un marbre blanc :

STILLA.

Le soir des funérailles, un homme vint au *Campo Santo Nuovo*. Là, les yeux hagards, la tête inclinée, les lèvres serrées comme si elles eussent été déjà scellées par la mort, il regarda longtemps la place où la Stilla était ensevelie. Il semblait prêter l'oreille, comme si la voix de la grande artiste allait une dernière fois s'échapper de cette tombe...

C'était Rodolphe de Gortz.

La nuit même, le baron de Gortz, accompagné de Orfanik, quitta Naples, et, depuis son départ, personne n'aurait pu dire ce qu'il était devenu.

Mais, le lendemain, une lettre arrivait à l'adresse du jeune comte.

Cette lettre ne contenait que ces mots d'un laconisme menaçant :

« C'est vous qui l'avez tuée!... Malheur à vous, comte de Télek !

RODOLPHE DE GORTZ »

X

Telle avait été cette lamentable histoire.

Pendant un mois, l'existence de Franz de Télek fut en danger. Il ne reconnaissait personne — pas même son soldat Rotzko. Au plus fort de la fièvre, un seul nom entr'ouvrait ses lèvres, prêtes à rendre leur dernier souffle : c'était celui de la Stilla.

Le jeune comte échappa à la mort. L'habileté des médecins, les soins incessants de Rotzko, et, aussi, la jeunesse et la nature aidant, Franz de Télek fut sauvé. Sa raison sortit intacte de cet effroyable ébranlement. Mais, lorsque le souvenir lui revint, lorsqu'il se rappela la tragique scène finale d'*Orlando*, dans laquelle l'âme de l'artiste s'était brisée :

« Stilla!... ma Stilla! » s'écriait-il, tandis que ses mains se tendaient comme pour l'applaudir encore.

Dès que son maître put quitter le lit, Rotzko obtint de lui qu'il fuirait cette ville maudite, qu'il se laisserait transporter au château de Krajowa. Toutefois, avant d'abandonner Naples, le jeune comte voulut aller prier sur la tombe de la morte, et lui donner un suprême, un éternel adieu.

Rotzko l'accompagna au *Campo Santo Nuovo*. Franz se jeta sur cette terre cruelle, il s'efforçait de la creuser avec ses ongles, pour s'y ensevelir... Rotzko parvint à l'entraîner loin de la tombe, où gisait tout son bonheur.

Quelques jours après, Franz de Télek, de retour à Krajowa, au fond du pays valaque, avait revu l'antique domaine de sa famille. Ce fut à l'intérieur de ce château qu'il vécut pendant cinq ans dans un isolement absolu, dont il se refusait à sortir. Ni le temps, ni la distance n'avaient pu apporter un adoucissement à sa douleur. Il lui aurait fallu oublier, et c'était hors de question. Le souvenir de la Stilla, vivace comme au premier jour, était identifié à son existence. Il est de ces blessures qui ne se ferment qu'à la mort.

Cependant, à l'époque où débute cette histoire, le jeune comte avait quitté le château depuis quelques semaines. A quelles longues et pressantes instances Rotzko avait dû recourir pour décider son maître à rompre avec cette solitude où il dépérissait! Que Franz ne parvînt pas à se consoler, soit; du moins était-il indispensable qu'il tentât de distraire sa douleur.

Un plan de voyage avait été arrêté, pour visiter d'abord les provinces transylvaines. Plus tard, — Rotzko l'espérait, — le jeune comte consentirait à reprendre à travers l'Europe ce voyage qui avait été interrompu par les tristes événements de Naples.

Franz de Télek était donc parti, en touriste cette fois, et seulement pour une exploration de courte durée. Rotzko et lui avaient remonté les plaines valaques jusqu'au massif imposant des Carpathes; ils s'étaient engagés entre les défilés du col de Vulkan; puis, après l'ascension du Retyezat et une excursion à travers la vallée du Maros, ils étaient venus se reposer au village de Werst, à l'auberge du *Roi Mathias*.

On sait quel était l'état des esprits au moment où Franz de Télek arriva, et comment il avait été mis au courant des faits incompréhensibles dont le burg était le théâtre. On sait aussi comment tout à l'heure il avait appris que le château appartenait au baron Rodolphe de Gortz.

L'effet produit par ce nom sur le jeune comte avait été trop sensible

pour que maître Koltz et les autres notables ne l'eussent point re-
marqué. Aussi Rotzko envoya-t-il volontiers au diable ce maître
Koltz, qui l'avait si malencontreusement prononcé, et ses sottes his-
toires. Pourquoi fallait-il qu'une mauvaise chance eût amené Franz
de Télek précisément à ce village de Werst, dans le voisinage du
château des Carpathes !

Le jeune comte gardait le silence. Son regard, errant de l'un à
l'autre, n'indiquait que trop le profond trouble de son âme qu'il
cherchait vainement à calmer.

Maître Koltz et ses amis comprirent qu'un lien mystérieux devait
rattacher le comte de Télek au baron de Gortz ; mais, si curieux
qu'ils fussent, ils se tinrent sur une convenable réserve et n'insistè-
rent pas pour en apprendre davantage. Plus tard, on verrait ce qu'il
y aurait à faire.

Quelques instants après, tous avaient quitté le *Roi Mathias*, très
intrigués de cet extraordinaire enchainement d'aventures, qui ne
présageait rien de bon pour le village.

Et puis, à présent que le jeune comte savait à qui appartenait le
château des Carpathes, tiendrait-il sa promesse ? Une fois arrivé à
Karlsburg, préviendrait-il les autorités et réclamerait-il leur intervention ? Voilà ce que se demandaient le biró, le magister, le docteur
Patak et les autres. Dans tous les cas, s'il ne le faisait, maître Koltz
était décidé à le faire. La police serait avertie, elle viendrait visiter le
château, elle verrait s'il était hanté par des esprits ou habité par
des malfaiteurs, car le village ne pouvait pas rester plus longtemps
sous une pareille obsession.

Pour la plupart de ses habitants, il est vrai, ce serait là une tentative
inutile, une mesure inefficace. S'attaquer à des génies !... Mais les
sabres des gendarmes se briseraient comme verre, et leurs fusils
rateraient à chaque coup !

Franz de Télek, demeuré seul dans la grande salle du *Roi Mathias*,
s'abandonna au cours de ces souvenirs que le nom du baron de Gortz
venait d'évoquer si douloureusement.

Après être resté pendant une heure comme anéanti dans un fauteuil, il se releva, quitta l'auberge, se dirigea vers l'extrémité de la terrasse, regarda au loin.

Sur la croupe du Plesa, au centre du plateau d'Orgall, se dressait le château des Carpathes. Là avait vécu cet étrange personnage, le spectateur de San-Carlo, l'homme qui inspirait une si insurmontable frayeur à la malheureuse Stilla. Mais, à présent, le burg était délaissé, et le baron de Gortz n'y était pas rentré depuis qu'il avait fui Naples. On ignorait même ce qu'il était devenu, et il était possible qu'il eût mis fin à son existence, après la mort de la grande artiste.

Franz s'égarait ainsi à travers le champ des hypothèses, ne sachant à laquelle s'arrêter.

D'autre part, l'aventure du forestier Nic Deck ne laissait pas de le préoccuper dans une certaine mesure, et il lui aurait plu d'en découvrir le mystère, ne fût-ce que pour rassurer la population de Werst.

Aussi, comme le jeune comte ne mettait pas en doute que des malfaiteurs eussent pris le château pour refuge, il résolut de tenir la promesse qu'il avait faite de déjouer les manœuvres de ces faux revenants, en prévenant la police de Karlsburg.

Toutefois, pour être en mesure d'agir, Franz voulait avoir des détails plus circonstanciés sur cette affaire. Le mieux était de s'adresser au jeune forestier en personne. C'est pourquoi, vers trois heures de l'après-midi, avant de retourner au *Roi Mathias*, il se présenta à la maison du biró.

Maître Koltz se montra très honoré de le recevoir — un gentilhomme tel que M. le comte de Télek... ce descendant d'une noble famille de race roumaine... auquel le village de Werst serait redevable d'avoir retrouvé le calme... et aussi la prospérité... puisque les touristes reviendraient visiter le pays... et acquitter les droits de péage, sans avoir rien à craindre des génies malfaisants du château des Carpathes... etc., etc.

Une tête étrange, aux longs cheveux grisonnants... (Page 122.)

Franz de Télek remercia maître Koltz de ses compliments, et demanda s'il n'y aurait aucun inconvénient à ce qu'il fût introduit près de Nic Deck.

« Il n'y en a aucun, monsieur le comte, répondit le biró. Ce brave garçon va aussi bien que possible, et il ne tardera pas à reprendre son service. »

Puis, se retournant :

Ils s'étaient engagés entre les défilés... (Page 125.)

« N'est-il pas vrai, Miriota? ajouta-t-il, en interpellant sa fille, qui venait d'entrer dans la salle.

— Dieu veuille que cela soit, mon père! » répondit Miriota d'une voix émue.

Franz fut charmé du gracieux salut que lui adressa la jeune fille. Et, la voyant encore inquiète de l'état de son fiancé, il se hâta de lui demander quelques explications à ce sujet.

17

« D'après ce que j'ai entendu, dit-il, Nic Deck n'a pas été gravement atteint...

— Non, monsieur le comte, répondit Miriota, et que le ciel en soit
béni!

— Vous avez un bon médecin à Werst?

— Hum! fit maître Koltz, d'un ton qui était peu flatteur pour l'ancien infirmier de la quarantaine.

— Nous avons le docteur Patak, répondit Miriota.

— Celui-là même qui accompagnait Nic Deck au château des
Carpathes?

— Oui, monsieur le comte.

— Mademoiselle Miriota, dit alors Franz, je désirerais, dans son
intérêt, voir votre fiancé, et obtenir des détails plus précis sur cette
aventure.

— Il s'empressera de vous les donner, même au prix d'un peu de
fatigue...

— Oh! je n'abuserai pas, mademoiselle Miriota, et ne ferai rien
qui soit susceptible de nuire à Nic Deck.

— Je le sais, monsieur le comte.

— Quand votre mariage doit-il avoir lieu?...

— Dans une quinzaine de jours, répondit le biró.

— Alors j'aurai le plaisir d'y assister, si maître Koltz veut bien
m'inviter toutefois...

— Monsieur le comte, un tel honneur...

— Dans une quinzaine de jours, c'est convenu, et je suis certain
que Nic Deck sera guéri, dès qu'il aura pu se permettre un tour de
promenade avec sa jolie fiancée.

— Dieu le protège, monsieur le comte! » répondit en rougissant la
jeune fille.

Et, en ce moment, sa charmante figure exprima une anxiété si
visible, que Franz lui en demanda la cause :

« Oui! que Dieu le protège, répondit Miriota, car, en essayant de
pénétrer dans le château malgré leur défense, Nic a bravé les gé-

nies malfaisants!... Et qui sait s'ils ne s'acharneront pas à le tourmenter toute sa vie...

— Oh! pour cela, mademoiselle Miriota, répondit Franz, nous y mettrons bon ordre, je vous le promets.

— Il n'arrivera rien à mon pauvre Nic?...

— Rien, et grâce aux agents de la police, on pourra dans quelques jours parcourir l'enceinte du burg avec autant de sécurité que la place de Werst! »

Le jeune comte, jugeant inopportun de discuter cette question du surnaturel devant des esprits si prévenus, pria Miriota de le conduire à la chambre du forestier.

C'est ce que la jeune fille se hâta de faire, et elle laissa Franz seul avec son fiancé.

Nic Deck avait été instruit de l'arrivée des deux voyageurs à l'auberge du *Roi Mathias*. Assis au fond d'un vieux fauteuil, large comme une guérite, il se leva pour recevoir son visiteur. Comme il ne se ressentait presque plus de la paralysie qui l'avait momentanément frappé, il était en état de répondre aux questions du comte de Télek.

« Monsieur Deck, dit Franz, après avoir amicalement serré la main du jeune forestier, je vous demanderai tout d'abord si vous croyez à la présence d'êtres surnaturels dans le château des Carpathes?

— Je suis bien forcé d'y croire, monsieur le comte, répondit Nic Deck.

— Et ce seraient eux qui vous auraient empêché de franchir la muraille du burg?

— Je n'en doute pas.

— Et pourquoi, s'il vous plaît?...

— Parce que, s'il n'y avait pas de génies, ce qui m'est arrivé serait inexplicable.

— Auriez-vous la complaisance de me raconter cette affaire sans rien omettre de ce qui s'est passé?

— Volontiers, monsieur le comte. »

Nic Deck fit par le menu le récit qui lui était demandé. Il ne put que confirmer les faits qui avaient été portés à la connaissance de Franz lors de sa conversation avec les hôtes du *Roi Mathias*, — faits auxquels le jeune comte, on le sait, donnait une interprétation purement naturelle.

En somme, les événements de cette nuit aux aventures, tout cela s'expliquait facilement si les êtres humains, malfaiteurs ou autres, qui occupaient le burg, possédaient la machinerie capable de produire ces effets fantasmagoriques. Quant à cette singulière prétention du docteur Patak de s'être senti enchaîné au sol par quelque force invisible, on pouvait soutenir que ledit docteur avait été le jouet d'une illusion. Ce qui paraissait vraisemblable, c'est que les jambes lui avaient manqué tout simplement parce qu'il était fou d'épouvante, et c'est ce que Franz déclara au jeune forestier.

« Comment, monsieur le comte, répondit Nic Deck, c'est au moment où il voulait s'enfuir que les jambes auraient manqué à ce poltron ? Cela n'est guère possible, vous en conviendrez...

— Eh bien, reprit Franz, admettons que ses pieds se soient engagés dans quelque piège caché sous les herbes au fond du fossé...

— Lorsque des pièges se referment, répondit le forestier, ils vous blessent cruellement, ils vous déchirent les chairs, et les jambes du docteur Patak n'ont pas trace de blessure.

— Votre observation est juste, Nic Deck, et pourtant, croyez-moi, s'il est vrai que le docteur n'a pu se dégager, c'est que ses pieds étaient retenus de cette façon...

— Je vous demanderai alors, monsieur le comte, comment un piège aurait pu se rouvrir de lui-même pour rendre la liberté au docteur ? »

Franz fut assez embarrassé pour répondre.

« Au surplus, monsieur le comte, reprit le forestier, je vous abandonne ce qui concerne le docteur Patak. Après tout, je ne puis affirmer que ce que je sais par moi-même.

« — Oui... laissons ce brave docteur, et ne parlons que de ce qui vous est arrivé, Nic Deck.

— Ce qui m'est arrivé est très clair. Il n'est pas douteux que j'ai reçu une terrible secousse, et cela d'une manière qui n'est guère naturelle.

— Il n'y avait aucune apparence de blessure sur votre corps? demanda Franz.

— Aucune, monsieur le comte, et pourtant j'ai été atteint avec une violence...

— Est-ce bien au moment où vous aviez posé la main sur la ferrure du pont-levis?...

— Oui, monsieur le comte, et à peine l'avais-je touchée que j'ai été comme paralysé. Heureusement, mon autre main, qui tenait la chaine, n'a pas lâché prise, et j'ai glissé jusqu'au fond du fossé, où le docteur m'a relevé sans connaissance. »

Franz secouait la tête en homme que ces explications laissaient incrédule.

« Voyons, monsieur le comte, reprit Nic Deck, ce que je vous ai raconté là, je ne l'ai pas rêvé, et si, pendant huit jours, je suis resté étendu tout de mon long sur ce lit, n'ayant plus l'usage ni du bras ni de la jambe, il ne serait pas raisonnable de dire que je me suis figuré tout cela!

— Aussi je ne le prétends pas, et il est bien certain que vous avez reçu une commotion brutale...

— Brutale et diabolique!

— Non, et c'est en cela que nous différons, Nic Deck, répondit le jeune comte. Vous croyez avoir été frappé par un être surnaturel, et moi, je ne le crois pas, par ce motif qu'il n'y a pas d'êtres surnaturels, ni malfaisants ni bienfaisants.

— Voudriez-vous alors, monsieur le comte, me donner la raison de ce qui m'est arrivé?

— Je ne le puis encore, Nic Deck, mais soyez sûr que tout s'expliquera et de la façon la plus simple.

— Plaise à Dieu! répondit le forestier.

— Dites-moi, reprit Franz, ce château a-t-il appartenu de tout temps à la famille de Gortz?

— Oui, monsieur le comte, et il lui appartient toujours, bien que le dernier descendant de la famille, le baron Rodolphe, ait disparu sans qu'on ait jamais eu de ses nouvelles.

— Et à quelle époque remonte cette disparition?

— A vingt ans environ.

— A vingt ans?...

— Oui, monsieur le comte. Un jour, le baron Rodolphe a quitté le château, dont le dernier serviteur est décédé quelques mois après son départ, et on ne l'a plus revu.

— Et depuis, personne n'a mis le pied dans le burg?

— Personne.

— Et que croit-on dans le pays?...

— On croit que le baron Rodolphe a dû mourir à l'étranger et que sa mort a suivi de près sa disparition.

— On se trompe, Nic Deck, et le baron vivait encore — il y a cinq ans du moins.

— Il vivait, monsieur le comte?...

— Oui... en Italie... à Naples.

— Vous l'y avez vu?...

— Je l'ai vu.

— Et depuis cinq ans?...

— Je n'en ai plus entendu parler. »

Le jeune forestier resta songeur. Une idée lui était venue — une idée qu'il hésitait à formuler. Enfin il se décida, et relevant la tête, le sourcil froncé :

« Il n'est pas supposable, monsieur le comte, dit-il, que le baron Rodolphe de Gortz soit rentré au pays avec l'intention de s'enfermer au fond de ce burg?...

— Non... ce n'est pas supposable, Nic Deck.

— Quel intérêt aurait-il à s'y cacher... à ne laisser jamais pénétrer jusqu'à lui?...

— Aucun, » répondit Franz de Télek.

Et pourtant, c'était là une pensée qui commençait à prendre corps dans l'esprit du jeune comte. N'était-il pas possible que ce personnage, dont l'existence avait toujours été si énigmatique, fût venu se réfugier dans ce château, après son départ de Naples? Là, grâce à des croyances superstitieuses habilement entretenues, ne lui avait-il pas été facile, s'il voulait vivre absolument isolé, de se défendre contre toute recherche importune, étant donné qu'il connaissait l'état des esprits du pays environnant?

Toutefois, Franz jugea inutile de lancer les Werstiens sur cette hypothèse. Il aurait fallu les mettre dans la confidence de faits qui lui étaient trop personnels. D'ailleurs, il n'eût convaincu personne, et il le comprit bien, lorsque Nic Deck ajouta :

« Si c'est le baron Rodolphe qui est au château, il faut croire que le baron Rodolphe est le Chort, car il n'y a que le Chort qui ait pu me traiter de cette façon! »

Désireux de ne plus revenir sur ce terrain, Franz changea le cours de la conversation. Quand il eut employé tous les moyens pour rassurer le forestier sur les conséquences de sa tentative, il l'engagea cependant à ne point la renouveler. Ce n'était pas son affaire, c'était celle des autorités, et les agents de la police de Karlsburg sauraient bien pénétrer le mystère du château des Carpathes.

Le jeune comte prit alors congé de Nic Deck en lui faisant l'expresse recommandation de se guérir le plus vite possible, afin de ne point retarder son mariage avec la jolie Miriota, auquel il se promettait d'assister.

Absorbé dans ses réflexions, Franz rentra au *Roi Mathias*, d'où il ne sortit plus de la journée.

A six heures, Jonas lui servit à dîner dans la grande salle, où, par un louable sentiment de réserve, ni maître Koltz ni personne du village ne vint troubler sa solitude.

Vers huit heures, Rotzko dit au jeune comte :

— Vous n'avez plus besoin de moi, mon maître?

Nic Deck assis au fond d'un vieux fauteuil. (Page 131.)

— Non, Rotzko.

— Alors je vais fumer ma pipe sur la terrasse.

— Va, Rotzko, va. »

A demi-couché dans un fauteuil, Franz se laissa aller de nouveau à remonter le cours inoubliable du passé. Il était à Naples pendant la dernière représentation du théâtre San-Carlo... Il revoyait le baron de Gortz, au moment où cet homme lui était apparu, la tête hors

Il examinait les contours du burg... (Page 139.)

de sa loge, ses regards ardemment fixés sur l'artiste, comme s'il eût voulu la fasciner...

Puis, la pensée du jeune comte se reporta sur cette lettre signée de l'étrange personnage, qui l'accusait, lui, Franz de Télek, d'avoir tué la Stilla...

Tout en se perdant ainsi dans ses souvenirs, Franz sentait le sommeil le gagner peu à peu. Mais il était encore en cet état mixte

18

où l'on peut percevoir le moindre bruit, lorsque se produisit un phénomène surprenant.

Il semble qu'une voix, douce et modulée, passe à travers dans cette salle où Franz est seul, bien seul pourtant.

Sans se demander s'il rêve ou non, Franz se relève et il écoute.

Oui! on dirait qu'une bouche s'est approchée de son oreille, et que des lèvres invisibles laissent échapper l'expressive mélodie de Stéfano, inspirée par ces paroles :

> Nel giardino de' mille fiori,
> Andiamo, mio cuore...

Cette romance, Franz la connaît... Cette romance, d'une ineffable suavité, la Stilla l'a chantée dans le concert qu'elle a donné au théâtre San-Carlo avant sa représentation d'adieu...

Comme bercé, sans s'en rendre compte, Franz s'abandonne au charme de l'entendre encore une fois...

Puis la phrase s'achève, et la voix, qui diminue par degrés, s'éteint avec les molles vibrations de l'air.

Mais Franz a secoué sa torpeur... Il s'est dressé brusquement... Il retient son haleine, il cherche à saisir quelque lointain écho de cette voix qui lui va au cœur...

Tout est silence au dedans et au dehors.

« Sa voix!... murmure-t-il. Oui!... c'était bien sa voix... sa voix que j'ai tant aimée! »

Puis, revenant au sentiment de la réalité :

« Je dormais... et j'ai rêvé! » dit-il.

XI

Le lendemain, le jeune comte se réveilla dès l'aube, l'esprit encore troublé des visions de la nuit.

C'était dans la matinée qu'il devait partir du village de Werst pour prendre la route de Kolosvar.

Après avoir visité les bourgades industrielles de Petroseny et de Livadzel, l'intention de Franz était de s'arrêter une journée entière à Karlsburg, avant d'aller séjourner quelque temps dans la capitale de la Transylvanie. A partir de là, le chemin de fer le conduirait à travers les provinces de la Hongrie centrale, dernière étape de son voyage.

Franz avait quitté l'auberge et, tout en se promenant sur la terrasse, sa lorgnette aux yeux, il examinait avec une profonde émotion les contours du burg que le soleil levant profilait assez nettement sur le plateau d'Orgall.

Et ses réflexions portaient sur ce point : une fois arrivé à Karlsburg, tiendrait-il la promesse qu'il avait faite aux gens de Werst? Préviendrait-il la police de ce qui se passait au château des Carpathes?

Lorsque le jeune comte s'était engagé à ramener le calme au village, c'était avec l'intime conviction que le burg servait de refuge à une bande de malfaiteurs, ou, tout au moins, à des gens suspects qui, ayant intérêt à n'y point être recherchés, s'étaient ingéniés à en interdire l'approche.

Mais, pendant la nuit, Franz avait réfléchi. Un revirement s'était opéré dans ses idées, et il hésitait à présent.

En effet, depuis cinq ans, le dernier descendant de la famille de Gortz, le baron Rodolphe avait disparu, et ce qu'il était devenu, personne ne l'avait jamais pu savoir. Sans doute, le bruit s'était répandu qu'il était mort, quelque temps après son départ de Naples. Mais qu'y avait-il de vrai? Quelle preuve avait-on de cette mort? Peut-être le baron de Gortz vivait-il, et, s'il vivait, pourquoi ne serait-il pas retourné au château de ses ancêtres? Pourquoi Orfanik, le seul familier qu'on lui connût, ne l'y aurait-il pas accompagné, et pourquoi cet étrange physicien ne serait-il pas l'auteur et le metteur en scène de ces phénomènes qui ne cessaient d'entretenir l'épouvante dans le pays? C'est précisément ce qui faisait l'objet des réflexions de Franz.

On en conviendra, cette hypothèse paraissait assez plausible, et, si le baron Rodolphe de Gortz et Orfanik avaient cherché refuge dans le burg, on comprenait qu'ils eussent voulu le rendre inabor dable, afin d'y mener la vie d'isolement qui convenait à leurs habi tudes et à leur caractère.

Or, s'il en était ainsi, quelle conduite le jeune comte devait-il adopter? Était-il à propos qu'il cherchât à intervenir dans les affaires privées du comte de Gortz? C'est ce qu'il se demandait, pesant le pour et le contre de la question, lorsque Rotzko vint le rejoindre sur la terrasse.

Il jugea à propos de lui faire connaître ses idées à ce sujet :

« Mon maître, répondit Rotzko, il est possible que ce soit le baron de Gortz qui se livre à toutes ces imaginations diaboliques. Eh bien! si cela est, mon avis est qu'il ne faut point nous en mêler. Les poltrons de Werst se tireront de là comme ils l'entendront, c'est leur affaire, et nous n'avons point à nous inquiéter de rendre le calme à ce village.

— Soit, répondit Franz, et, tout bien considéré, je pense que tu as raison, mon brave Rotzko.

— Je le pense aussi, répondit simplement le soldat.

— Quant à maître Koltz et aux autres, ils savent comment s'y prendre à cette heure pour en finir avec les prétendus esprits du burg.

— En effet, mon maitre, ils n'ont qu'à prévenir la police de Karls-burg.

— Nous nous mettrons en route après déjeuner, Rotzko.

— Tout sera prêt.

— Mais, avant de redescendre dans la vallée de la Sil, nous ferons un détour vers le Plesa.

— Et pourquoi, mon maître ?

— Je désirerais voir de plus près ce singulier château des Car-pathes.

— A quoi bon ?...

— Une fantaisie, Rotzko, une fantaisie qui ne nous retardera pas même d'une demi-journée. »

Rotzko fut très contrarié de cette détermination, qui lui parais-sait au moins inutile. Tout ce qui pouvait rappeler trop vive-ment au jeune comte le souvenir du passé, il aurait voulu l'écarter. Cette fois, ce fut en vain, et il se heurta à une inflexible résolution de son maitre.

C'est que Franz, — comme s'il eût subi quelque influence irrésis-tible, — se sentait attiré vers le burg. Sans qu'il s'en rendît compte, peut-être cette attraction se rattachait-elle à ce rêve dans lequel il avait entendu la voix de la Stilla murmurer la plaintive mélodie de Stéfano.

Mais avait-il rêvé ?... Oui! voilà ce qu'il en était à se demander se rappelant que, dans cette même salle du *Roi Mathias*, une voix s'était déjà fait entendre, assurait-on, — cette voix dont Nic Deck avait si imprudemment bravé les menaces. Aussi, avec la disposition mentale où se trouvait le jeune comte, ne s'étonnera-t-on pas qu'il eût formé le projet de se diriger vers le château des Carpathes, de remonter jusqu'au pied de ses vieilles murailles, sans avoir d'ailleurs la pensée d'y pénétrer.

Il va de soi que Franz de Télek était bien décidé à ne rien faire

|connaitre de ses intentions aux habitants de Werst. Ces gens auraient été capables de se joindre à Rotzko pour le dissuader de s'approcher du burg, et il avait recommandé à son soldat de se taire sur ce projet. En le voyant descendre du village vers la vallée de la Sil, personne ne mettrait en doute que ce ne fût pour prendre la route de Karlsburg. Mais, du haut de la terrasse, il avait remarqué qu'un autre chemin longeait la base du Retyezat jusqu'au col de Vulkan. Il serait donc possible de remonter les croupes du Plesa sans repasser par le village, et, par conséquent, sans être vu de maître Koltz ni des autres.

Vers midi, après avoir réglé sans discussion la note un peu enflée que lui présenta Jonas en l'accompagnant de son meilleur sourire, Franz se disposa au départ.

Maître Koltz, la jolie Miriota, le magister Hermod, le docteur Patak, le berger Frik et nombre d'autres habitants étaient venus lui adresser leurs adieux.

Le jeune forestier avait même pu quitter sa chambre, et l'on voyait bien qu'il ne tarderait pas à être remis sur pied, — ce dont l'ex-infirmier s'attribuait tout l'honneur.

« Je vous fais mes compliments, Nic Deck, lui dit Franz, à vous ainsi qu'à votre fiancée.

— Nous les acceptons avec reconnaissance, répondit la jeune fille, rayonnante de bonheur.

— Que votre voyage soit heureux, monsieur le comte, ajouta le forestier.

— Oui... puisse-t-il l'être! répondit Franz, dont le front s'était assombri.

— Monsieur le comte, dit alors maître Koltz, nous vous prions de ne point oublier les démarches que vous avez promis de faire à Karlsburg.

— Je ne l'oublierai pas, maître Koltz, répondit Franz. Mais, au cas où je serais retardé dans mon voyage, vous connaissez le très simple moyen de vous débarrasser de ce voisinage inquiétant, et

« QUE VOTRE VOYAGE SOIT HEUREUX! » (Page 142.)

le château n'inspirera bientôt plus aucune crainte à la brave population de Werst.

— Cela est facile à dire... murmura le magister.

— Et à faire, répondit Franz. Avant quarante-huit heures, si vous le voulez, les gendarmes auront eu raison des êtres quelconques qui se cachent dans le burg...

— Sauf le cas, très probable, où ce seraient des esprits, fit observer le berger Frik.

— Même dans ce cas, répondit Franz avec un imperceptible haussement d'épaules.

— Monsieur le comte, dit le docteur Patak, si vous nous aviez accompagnés, Nic Deck et moi, peut-être ne parleriez-vous pas ainsi !

— Cela m'étonnerait, docteur, répondit Franz, et, quand même j'aurais été comme vous si singulièrement retenu par les pieds dans le fossé du burg...

— Par les pieds... oui, monsieur le comte, ou plutôt par les bottes ! Et à moins que vous ne prétendiez que... dans l'état d'esprit... où je me trouvais... j'aie... rêvé...

— Je ne prétends rien, monsieur, répondit Franz, et ne chercherai point à vous expliquer ce qui vous paraît inexplicable. Mais soyez certain que si les gendarmes viennent rendre visite au château des Carpathes, leurs bottes, qui ont l'habitude de la discipline, ne prendront pas racine comme les vôtres. »

Ceci dit à l'intention du docteur, le jeune comte reçut une dernière fois les hommages de l'hôtelier du *Roi Mathias*, si honoré d'avoir eu l'honneur que l'honorable Franz de Télek..., etc. Ayant salué maître Koltz, Nic Deck, sa fiancée et les habitants réunis sur la place, il fit un signe à Rotzko ; puis, tous deux descendirent d'un bon pas la route du col.

En moins d'une heure, Franz et son soldat eurent atteint la rive droite de la rivière qu'ils remontèrent en suivant la base méridionale du Retyezat.

Rotzko s'était résigné à ne plus faire aucune observation à son maître : c'eût été peine perdue. Habitué à lui obéir militairement, si le jeune comte se jetait dans quelque périlleuse aventure, il saurait bien l'en tirer.

Après deux heures de marche, Franz et Rotzko s'arrêtèrent pour se reposer un instant.

En cet endroit, la Sil valaque, qui s'était légèrement infléchie vers la droite, se rapprochait de la route par un coude très marqué. De l'autre côté, sur le renflement du Plesa, s'arrondissait le plateau d'Orgall, à la distance d'un demi-mille, soit près d'une lieue. Il convenait donc d'abandonner la Sil, puisque Franz voulait traverser le col afin de prendre direction sur le château.

Évidemment, évitant de repasser par Werst, ce détour avait allongé du double la distance qui sépare le château du village. Néanmoins, il ferait encore grand jour, lorsque Franz et Rotzko arriveraient à la crête du plateau d'Orgall. Le jeune comte aurait donc le temps d'observer le burg à l'extérieur. Quand il aurait attendu jusqu'au soir pour redescendre la route de Werst, il lui serait aisé de la suivre avec la certitude de n'y être vu de personne. L'intention de Franz était d'aller passer la nuit à Livadzel, petit bourg situé au confluent des deux Sils, et de reprendre le lendemain le chemin de Karlsburg.

La halte dura une demi-heure. Franz, très absorbé dans ses souvenirs, très agité aussi à la pensée que le baron de Gortz avait peut-être caché son existence au fond de ce château, ne prononça pas une parole...

Et il fallut que Rotzko s'imposât une bien grande réserve pour ne pas lui dire :

« Il est inutile d'aller plus loin, mon maître !... Tournons le dos à ce maudit burg, et partons ! »

Tous deux commencèrent à suivre le thalweg de la vallée. Ils durent d'abord s'engager à travers un fouillis d'arbres que ne sillonnait aucun sentier. Il y avait des parties du sol assez profondément ravinées, car, à l'époque des pluies, la Sil déborde quelquefois, et son trop plein s'écoule en torrents tumultueux sur ces terrains qu'elle change en marécages. Cela amena quelques difficultés de marche, et conséquemment un peu de retard. Une heure fut employée à rejoindre la route du col de Vulkan, qui fut franchie vers cinq heures.

Le flanc droit du Plesa n'est point hérissé de ces forêts que Nic Deck n'avait pu traverser qu'en s'y frayant un passage à la hache ; mais il y eut nécessité de compter alors avec des difficultés d'une autre espèce. C'étaient des éboulis de moraines entre lesquels on ne pouvait se hasarder sans précautions, des dénivellations brusques, des failles profondes, des blocs mal assurés sur leur base et se dressant comme les séracs d'une région alpestre, tout le pêle-mêle d'un amoncellement d'énormes pierres que les avalanches avaient précipitées de la cime du mont, enfin un véritable chaos dans toute son horreur.

Remonter les talus dans ces conditions demanda encore une bonne heure d'efforts très pénibles. Il semblait, vraiment, que le château des Carpathes aurait pu se défendre rien que par la seule impraticabilité de ses approches. Et peut-être Rotzko espérait-il qu'il se présenterait de tels obstacles qu'il serait impossible de les franchir : il n'en fut rien.

Au delà de la zone des blocs et des excavations, la crête antérieure du plateau d'Orgall fut finalement atteinte. De ce point, le château se dessinait d'un profil plus net au milieu de ce morne désert, d'où, depuis tant d'années, l'épouvante éloignait les habitants du pays.

Ce qu'il convient de faire remarquer, c'est que Franz et Rotzko allaient aborder le burg par sa courtine latérale, celle qui était orientée vers le nord. Si Nic Deck et le docteur Patak étaient arrivés devant la courtine de l'est, c'est qu'en côtoyant la gauche du Plesa, ils avaient laissé à droite le torrent du Nyad et la route du col. Les deux directions, en effet, dessinent un angle très ouvert, dont le sommet est formé par le donjon central. Du côté nord, d'ailleurs, il aurait été impossible de franchir l'enceinte, car, non seulement il ne s'y trouvait ni poterne, ni pont-levis, mais la courtine, en se modelant sur les irrégularités du plateau, s'élevait à une assez grande hauteur.

Peu importait, en somme, que tout accès fût interdit de ce côté, puisque le jeune comte ne songeait point à dépasser les murailles du château.

Il était sept heures et demie, lorsque Franz de Télek et Rotzko s'arrêtèrent à la limite extrême du plateau d'Orgall. Devant eux se développait ce farouche entassement noyé d'ombre, et confondant sa teinte avec l'antique coloration des roches du Plesa. A gauche, l'enceinte faisait un coude brusque, flanqué par le bastion d'angle. C'était là, sur le terre-plein, au-dessus de son parapet crénelé, que grimaçait le hêtre, dont les branches contorsionnées témoignaient des violentes rafales du sud-ouest à cette hauteur.

En vérité, le berger Frik ne s'était point trompé. Si l'on s'en rapportait à elle, la légende ne donnait plus que trois années d'existence au vieux burg des barons de Gortz.

Franz, silencieux, regardait l'ensemble de ces constructions, dominées par le donjon trapu du centre. Là, sans doute, sous cet amas confus se cachaient encore des salles voûtées, vastes et sonores, longs corridors dédaléens, des réduits enfouis dans les entrailles du sol, tels qu'en possèdent encore les forteresses des anciens magyars Nulle autre habitation n'aurait pu mieux convenir que cet antique manoir au dernier descendant de la famille de Gortz pour s'y ensevelir dans un oubli dont personne ne pourrait connaître le secret. Et plus le jeune comte y songeait, plus il s'attachait à cette idée que Rodolphe de Gortz avait dû se réfugier entre les remparts isolés de son château des Carpathes.

Rien, d'ailleurs, ne décelait la présence d'hôtes quelconques à l'intérieur du donjon. Pas une fumée ne se détachait de ses cheminées, pas un bruit ne sortait de ses fenêtres hermétiquement closes. Rien

— pas même un cri d'oiseau — ne troublait le mystère de la ténébreuse demeure.

Pendant quelques moments, Franz embrassa avidement du regard cette enceinte qui s'emplissait autrefois du tumulte des fêtes et du fracas des armes. Mais il se taisait, tant son esprit était hanté de pensées accablantes, son cœur gros de souvenirs.

Rotzko, qui voulait laisser le jeune comte à lui-même, avait eu soin de se mettre à l'écart. Il ne se fût pas permis de l'interrompre par une seule observation. Mais, lorsque le soleil déclinant derrière le massif du Plesa, la vallée des deux Sils commença à s'emplir d'ombre, il n'hésita plus.

« Mon maître, dit-il, le soir est venu... Nous allons bientôt sur huit heures. »

Franz ne parut pas l'entendre.

» Il est temps de partir, reprit Rotzko, si nous voulons être à Livadzel avant que les auberges soient fermées.

— Rotzko... dans un instant... oui... dans un instant... je suis à toi, répondit Franz.

— Il nous faudra bien une heure, mon maître, pour regagner la route du col, et comme la nuit sera close alors, nous ne risquerons point d'être vus en la traversant.

— Encore quelques minutes, répondit Franz, et nous redescendrons vers le village. »

Le jeune comte n'avait pas bougé de la place où il s'était arrêté en arrivant sur le plateau d'Orgall.

« N'oubliez pas, mon maître, reprit Rotzko que, la nuit, il sera difficile de passer au milieu de ces roches... A peine y sommes-nous parvenus, lorsqu'il faisait grand jour... Vous m'excuserez, si j'insiste...

— Oui... partons... Rotzko... Je te suis... »

Et il semblait que Franz fût invinciblement retenu devant le burg, peut-être par un de ces pressentiments secrets dont le cœur est inhabile à se rendre compte. Était-il donc enchaîné au sol, comme

le docteur Patak disait l'avoir été dans le fossé, au pied de la courtine?... Non! ses jambes étaient libres de toute entrave, de toute
embûche... Il pouvait aller et venir à la surface du plateau, et
s'il l'avait voulu, rien ne l'eût empêché de faire le tour de l'enceinte,
en longeant le rebord de la contrescarpe...

Et peut-être le voulait-il?

C'est même ce que pensa Rotzko, qui se décida à dire une dernière
fois :

« Venez-vous, mon maître?...

— Oui... oui... » répondit Franz.

Et il restait immobile.

Le plateau d'Orgall était déjà obscur. L'ombre élargie du massif,
en remontant vers le sud, dérobait l'ensemble des constructions,
dont les contours ne présentaient plus qu'une silhouette incertaine.
Bientôt rien n'en serait visible, si aucune lueur ne jaillissait des
étroites fenêtres du donjon.

« Mon maître... venez donc! » répéta Rotzko.

Et Franz allait enfin le suivre, lorsque, sur le terre-plein du bastion,
où se dressait le hêtre légendaire, apparut une forme vague...

Franz s'arrêta, regardant cette forme, dont le profil s'accentuait
peu à peu.

C'était une femme, la chevelure dénouée, les mains tendues, enve-
loppée d'un long vêtement blanc.

Mais ce costume, n'était-ce pas celui que portait la Stilla dans cette·
scène finale d'*Orlando*, où Franz de Télek l'avait vue pour la dernière fois?

Oui! et c'était la Stilla, immobile, les bras dirigés vers le jeune
comte, son regard si pénétrant attaché sur lui...

« Elle!... Elle!... » s'écria-t-il.

Et, se précipitant, il eût roulé jusqu'aux assises de la muraille,
si Rotzko ne l'eût retenu...

L'apparition s'effaça brusquement. C'est à peine si la Stilla s'était
montrée pendant une minute...

Peu importait! Une seconde eût suffi à Franz pour la reconnaître, et ces mots lui échappèrent :

« Elle... elle... vivante! »

<hr />

XII

Était-ce possible? La Stilla, que Franz de Télek ne croyait jamais revoir, venait de lui apparaître sur le terre-plein du bastion!... Il n'avait pas été le jouet d'une illusion, et Rotzko l'avait vue comme lui!... C'était bien la grande artiste, vêtue de son costume d'Angélica, telle qu'elle s'était montrée au public à sa représentation d'adieu au théâtre San-Carlo!

L'effroyable vérité éclata aux yeux du jeune comte. Ainsi, cette femme adorée, celle qui allait devenir comtesse de Télek, était enfermée depuis cinq ans au milieu des montagnes transylvaines! Ainsi, celle que Franz avait vue tomber morte en scène, avait survécu! Ainsi, tandis qu'on le rapportait mourant à son hôtel, le baron Rodolphe avait pu pénétrer chez la Stilla, l'enlever, l'entraîner dans ce château des Carpathes, et ce n'était qu'un cercueil vide que toute la population avait suivi, le lendemain, au *Santo Campo Nuovo* de Naples!

Tout cela paraissait incroyable, inadmissible, répulsif au bon sens. Cela tenait du prodige, cela était invraisemblable, et Franz aurait dû se le répéter jusqu'à l'obstination... Oui!... mais un fait dominait : la Stilla avait été enlevée par le baron de Gortz, puisqu'elle était dans le burg!... Elle était vivante, puisqu'il venait de la voir au-dessus de cette muraille!... Il y avait là une certitude absolue.

Le jeune comte cherchait pourtant à se remettre du désordre de ses idées, qui, d'ailleurs, allaient se concentrer en une seule : arracher à Rodolphe de Gortz la Stilla, depuis cinq ans prisonnière au château des Carpathes !

« Rotzko, dit Franz d'une voix haletante, écoute-moi... comprendsmoi surtout... car il me semble que la raison va m'échapper...

— Mon maître... mon cher maître !

— A tout prix, il faut que j'arrive jusqu'à elle... elle !... ce soir même...

— Non... demain...

— Ce soir, te dis-je !... Elle est là... Elle m'a vu comme je la voyais... Elle m'attend...

— Eh bien... je vous suivrai...

— Non !... J'irai seul.

— Seul ?...

— Oui.

— Mais comment pourrez-vous pénétrer dans le burg, puisque Nic Deck ne l'a pas pu ?...

— J'y entrerai, te dis-je.

— La poterne est fermée...

— Elle ne le sera pas pour moi... Je chercherai... je trouverai une brèche... j'y passerai...

— Vous ne voulez pas que je vous accompagne... mon maître... vous ne le voulez pas ?...

— Non !.. Nous allons nous séparer, et c'est en nous séparant que tu pourras me servir...

— Je vous attendrai donc ici ?...

— Non, Rotzko.

— Où irai-je alors ?...

— A Werst... ou plutôt... non... pas à Werst... répondit Franz. Il est inutile que ces gens sachent... Descends au village de Vulkan, où tu resteras cette nuit... Si tu ne me revois pas demain, quitte Vulkan dès le matin... c'est-à-dire... non... attends encore quelques

heures... Puis, pars pour Karlsburg... Là, tu préviendras le chef de
la police... Tu lui raconteras tout... Enfin, reviens avec des agents...
S'il le faut, que l'on donne l'assaut au burg !... Délivrez-la !... Ah!
ciel de Dieu... elle... vivante... au pouvoir de Rodolphe de Gortz !... »

Et, tandis que ces phrases entrecoupées étaient jetées par le jeune
comte, Rotzko voyait la surexcitation de son maitre s'accroître et
se manifester par les sentiments désordonnés d'un homme qui ne
se possède plus.

« Va... Rotzko ! s'écria-t-il une dernière fois.

— Vous le voulez?...

— Je le veux ! »

Devant cette formelle injonction, Rotzko n'avait plus qu'à obéir.
D'ailleurs, Franz s'était éloigné, et déjà l'ombre le dérobait aux regards du soldat.

Rotzko resta quelques instants à la même place, ne pouvant se décider à partir. Alors l'idée lui vint que les efforts de Franz seraient
inutiles, qu'il ne parviendrait même pas à franchir l'enceinte, qu'il
serait forcé de revenir au village de Vulkan... peut-être le lendemain...
peut-être cette nuit... Tous deux iraient alors à Karlsburg, et ce que ni
Franz ni le forestier n'avaient pu faire, on le ferait avec les agents de
l'autorité... on aurait raison de ce Rodolphe de Gortz... on lui arracherait l'infortunée Stilla... on fouillerait ce burg des Carpathes...
on n'en laisserait pas une pierre, au besoin... quand tous les diables
de l'enfer seraient réunis pour le défendre !

Et Rotzko redescendit les pentes du plateau d'Orgall, afin de rejoindre la route du col de Vulkan.

Cependant, en suivant le rebord de la contrescarpe, Franz avait déjà
contourné le bastion d'angle qui la flanquait à gauche.

Mille pensées se croisaient dans son esprit. Il n'y avait pas de
doute maintenant sur la présence du baron de Gortz dans le burg,
puisque la Stilla y était séquestrée... Ce ne pouvait être que lui qui
était là... La Stilla vivante !... Mais comment Franz parviendrait-il
jusqu'à elle?... Comment arriverait-il à l'entrainer hors du château?...

Il ne savait, mais il fallait que ce fût... et cela serait... Les obstacles que n'avait pu vaincre Nic Deck, il les vaincrait... Ce n'était pas la curiosité qui le poussait au milieu de ces ruines, c'était la passion, c'était son amour pour cette femme qu'il retrouvait vivante, oui! vivante!... après avoir crû qu'elle était morte, et il l'arracherait à Rodolphe de Gortz!

A la vérité, Franz s'était dit qu'il ne pourrait avoir accès que par la courtine du sud, où s'ouvrait la poterne à laquelle aboutissait le pont-levis. Aussi, comprenant qu'il n'y avait pas à tenter d'escalader ces hautes murailles, continua-t-il de longer la crête du plateau d'Orgall, dès qu'il eut tourné l'angle du bastion.

De jour, cela n'eût point offert de difficultés. En pleine nuit, la lune n'étant pas encore levée, — une nuit épaissie par ces brumes qui se condensent entre les montagnes, — c'était plus que hasardeux. Au danger des faux pas, au danger d'une chute jusqu'au fond du fossé, se joignait celui de heurter les roches et d'en provoquer peut-être l'éboulement.

Franz allait toujours, cependant, serrant d'aussi près que possible les zigzags de la contrescarpe, tâtant de la main et du pied, afin de s'assurer qu'il ne s'en éloignait pas. Soutenu par une force surhumaine, il se sentait en outre guidé par un extraordinaire instinct qui ne pouvait le tromper.

Au delà du bastion se développait la courtine du sud, celle avec laquelle le pont-levis établissait une communication, lorsqu'il n'était pas relevé contre la poterne.

A partir de ce bastion, les obstacles semblèrent se multiplier. Entre les énormes rocs qui hérissaient le plateau, suivre la contrescarpe n'était plus praticable, et il fallait s'en éloigner. Que l'on se figure un homme cherchant à se reconnaitre au milieu d'un champ de Carnac, dont les dolmens et les menhirs seraient disposés sans ordre. Et pas un repère pour se diriger, pas une lueur dans la sombre nuit, qui voilait jusqu'au faîte du donjon central!

Franz allait pourtant, se hissant ici sur un bloc énorme qui lui

Tout le pêle-mêle d'un amoncellement. (Page 145.)

fermait tout passage, là rampant entre les roches, ses mains déchirées aux chardons et aux broussailles, sa tête effleurée par des couples d'orfraies, qui s'enfuyaient en jetant leur horrible cri de crécelle.

Ah! pourquoi la cloche de la vieille chapelle ne sonnait-elle pas alors comme elle avait sonné pour Nic Deck et le docteur? Pourquoi cette lumière intense qui les avait enveloppés ne s'allumait-

20

elle pas au-dessus des créneaux du donjon? Il eût marché vers ce
son, il eût marché vers cette lueur, comme le marin sur les siffle-
ments d'un sirène d'alarme ou les éclats d'un phare !

Non !... Rien que la profonde nuit limitant la portée de son regard à quelques pas.

Cela dura près d'une heure. A la déclivité du sol qui se prononçait
sur sa gauche, Franz sentait qu'il s'était égaré. Ou bien avait-il descendu plus bas que la poterne ? Peut-être s'était-il avancé au delà du
pont-levis?

Il s'arrêta, frappant du pied, se tordant les mains. De quel côté
devait-il se diriger? Quelle rage le prit à la pensée qu'il serait
obligé d'attendre le jour !... Mais alors il serait vu des gens du burg...
il ne pourrait les surprendre... Rodolphe de Gortz se tiendrait sur
ses gardes...

C'était la nuit, c'était dès cette nuit même qu'il importait de pénétrer dans l'enceinte, et Franz ne parvenait pas à s'orienter au milieu
de ces ténèbres!

Un cri lui échappa... un cri de désespoir.

« Stilla... s'écria-t-il, ma Stilla!... »

En était-il à penser que la prisonnière pût l'entendre, qu'elle pût
lui répondre ?...

Et, pourtant, à vingt reprises, il jeta ce nom que lui renvoyèrent
les échos du Plesa.

Soudain les yeux de Franz furent impressionnés. Une lueur se
glissait à travers l'ombre — une lueur assez vive, dont le foyer devait être placé à une certaine hauteur.

« Là est le burg... là ! » se dit-il.

Et, vraiment, par la position qu'elle occupait, cette lueur ne
pouvait venir que du donjon central.

Étant donnée sa surexcitation mentale, Franz n'hésita pas à croire
que c'était la Stilla qui lui envoyait ce secours. Plus de doute, elle
l'avait reconnu, au moment où il l'apercevait lui-même sur le terre-
plein du bastion. Et, maintenant, c'était elle qui lui adressait ce si-

gnal, c'était elle qui lui indiquait la route à suivre pour arriver
jusqu'à la poterne...

Franz se dirigea vers cette lumière, dont l'éclat s'accroissait à mesure qu'il s'en rapprochait. Comme il s'était porté trop à gauche sur
le plateau d'Orgall, il fut obligé de remonter d'une vingtaine de pas
à droite, et, après quelques tâtonnements, il retrouva le rebord de
la contrescarpe.

La lumière brillait en face de lui, et sa hauteur prouvait bien
qu'elle venait de l'une des fenêtres du donjón.

Franz allait ainsi se trouver en face des derniers obstacles — insurmontables peut-être!

En effet, puisque la poterne était fermée, le pont-levis relevé,
il faudrait qu'il se laissât glisser jusqu'au pied de la courtine... Puis,
que ferait-il devant une muraille qui se dresserait à cinquante pieds
au-dessus de lui?...

Franz s'avança vers l'endroit où s'appuyait le pont-levis, lorsque
la poterne était ouverte...

Le pont-levis était baissé.

Sans même prendre le temps de réfléchir, Franz franchit le tablier
branlant du pont, et mit la main sur la porte...

Cette porte s'ouvrit.

Franz se précipita sous la voûte obscure. Mais à peine avait-il
marché quelques pas que le pont-levis se relevait avec fracas contre
la poterne...

Le comte Franz de Télek était prisonnier dans le château des
Carpathes.

XIII

Les gens du pays transylvain et les voyageurs qui remontent ou redescendent le col de Vulkan ne connaissent du château des Carpathes que son aspect extérieur. A la respectueuse distance où la crainte arrêtait les plus braves du village de Werst et des environs, il ne présente aux regards que l'énorme amas de pierres d'un burg en ruine.

Mais, à l'intérieur de l'enceinte, le burg était-il si délabré qu'on devait le supposer? Non. A l'abri de ses murs solides, les bâtiments restés intacts de la vieille forteresse féodale auraient encore pu loger toute une garnison.

Vastes salles voûtées, caves profondes, corridors multiples, cours dont l'empierrement disparaissait sous la haute lisse des herbes, réduits souterrains où n'arrivait jamais la lumière du jour, escaliers dérobés dans l'épaisseur des murs, casemates éclairées par les étroites meurtrières de la courtine, donjon central à trois étages avec appartements suffisamment habitables, couronné d'une plate-forme crénelée, entre les diverses constructions de l'enceinte, d'interminables couloirs capricieusement enchevêtrés, montant jus-qu'au terre-plein des bastions, descendant jusqu'aux entrailles de l'infrastructure, çà et là quelques citernes, où se recueillaient les eaux pluviales et dont l'excédent s'écoulait vers le torrent du Nyad, enfin de longs tunnels, non bouchés comme on le croyait, et qui donnaient accès sur la route du col de Vulkan, — tel était l'ensemble de ce château des Carpathes, dont le plan géométral offrait un système aussi compliqué que ceux des labyrinthes de Porsenna, de Lemnos ou de Crète.

Tel que Thésée, pour conquérir la fille de Minos, c'était aussi un sentiment intense, irrésistible, qui venait d'attirer le jeune comte à travers les infinis méandres de ce burg. Y trouverait-il le fil d'Ariane qui servit à guider le héros grec ?

Franz n'avait eu qu'une pensée, pénétrer dans cette enceinte, et il y avait réussi. Peut être aurait-il dû se faire cette réflexion : à savoir que le pont-levis, relevé jusqu'à ce jour, semblait s'être expressément rabattu pour lui livrer passage!... Peut être aurait-il dû s'inquiéter de ce que la poterne venait de se refermer brusquement derrière lui!... Mais il n'y songeait même pas. Il était enfin dans ce château, où Rodolphe de Gortz retenait la Stilla, et il sacrifierait sa vie pour arriver jusqu'à elle.

La galerie, dans laquelle Franz s'était élancé, large, haute, à voûte surbaissée, se trouvait plongée alors au milieu de la plus complète obscurité, et son dallage disjoint ne permettait pas d'y marcher d'un pied sûr.

Franz se rapprocha de la paroi de gauche, et il la suivit en s'appuyant sur un parement dont la surface salpêtrée s'effritait sous sa main. Il n'entendait aucun bruit, si ce n'est celui de ses pas, qui provoquaient des résonances lointaines. Un courant tiède, chargé d'un relent de vétusté, le poussait de dos, comme si quelque appel d'air se fût fait à l'autre extrémité de cette galerie.

Après avoir dépassé un pilier de pierre qui contrebutait le dernier angle à gauche, Franz se trouva à l'entrée d'un couloir sensiblement plus étroit. Rien qu'en étendant les bras, il en touchait le revêtement.

Il s'avança ainsi, le corps penché, tâtonnant du pied et de la main, et cherchant à reconnaître si ce couloir suivait une direction rectiligne.

A deux cents pas environ à partir du pilier d'angle, Franz sentit que cette direction s'infléchissait vers la gauche pour prendre, cin-

quante pas plus loin, un sens absolument contraire. Ce couloir reve-
nait-il vers la courtine du burg, ou ne conduisait-il pas au pied du
donjon?

Franz essaya d'accélérer sa marche ; mais, à chaque instant, il
était arrêté soit par un ressaut du sol contre lequel il se heurtait, soit
par un angle brusque qui modifiait sa direction. De temps en temps,
il rencontrait quelque ouverture, trouant la paroi, qui desservait
des ramifications latérales. Mais tout était obscur, insondable, et
c'est en vain qu'il cherchait à s'orienter au sein de ce labyrinthe, véritable travail de taupes.

Franz dut rebrousser chemin plusieurs fois, reconnaissant qu'il
se fourvoyait dans des impasses. Ce qu'il avait à craindre, c'était
qu'une trappe mal fermée cédât sous son pied, et le précipitât au
fond d'une oubliette, dont il n'aurait pu se tirer. Aussi, lorsqu'il
foulait quelque panneau sonnant le creux, avait-il soin de se soutenir
aux murs, mais s'avançant toujours avec une ardeur qui ne lui laissait même pas le loisir de la réflexion.

Toutefois, puisque Franz n'avait eu encore ni à monter ni à descendre, c'est qu'il se trouvait toujours au niveau des cours intérieures, ménagées entre les divers bâtiments de l'enceinte, et il y
avait chance que ce couloir aboutît au donjon central, à la naissance
même de l'escalier.

Incontestablement, il devait exister un mode de communication
plus direct entre la poterne et les bâtiments du burg. Oui, et au
temps où la famille de Gortz l'habitait, il n'était pas nécessaire de
s'engager à travers ces interminables passages. Une seconde porte,
qui faisait face à la poterne, à l'opposé de la première galerie,
s'ouvrait sur la place d'armes, au milieu de laquelle s'élevait le
donjon ; mais elle était condamnée, et Franz n'avait pas même pu
en reconnaître la place.

Une heure s'était passée pendant que le jeune comte allait au hasard
des détours, écoutant s'il n'entendait pas quelque bruit lointain,
n'osant crier ce nom de la Stilla, que les échos auraient pu réper-

cuter jusqu'aux étages du donjon. Il ne se décourageait point, et il
irait tant que la force ne lui manquerait pas, tant qu'un infranchissable obstacle ne l'obligerait pas à s'arrêter.

Cependant, sans qu'il s'en rendît compte, Franz était exténué déjà.
Depuis son départ de Werst, il n'avait rien mangé. Il souffrait de
la faim et de la soif. Son pas n'était plus sûr, ses jambes fléchissaient.
Au milieu de cet air humide et chaud qui traversait son vêtement,
sa respiration était devenue haletante, son cœur battait précipi-
tamment.

Il devait être près de neuf heures, lorsque Franz, en projetant son
pied gauche, ne rencontra plus le sol.

Il se baissa, et sa main sentit une marche en contre-bas, puis une
seconde.

Il y avait là un escalier.

Cet escalier s'enfonçait dans les fondations du château, et peut-
être n'avait-il pas d'issue?

Franz n'hésita pas à le prendre, et il en compta les marches,
dont le développement suivait une direction oblique par rapport au
couloir.

Soixante-dix-sept marches furent ainsi descendues pour atteindre
un second boyau horizontal, qui se perdait en de multiples et
sombres détours.

Franz marcha ainsi l'espace d'une demi-heure, et, brisé de fatigue,
il venait de s'arrêter, lorsqu'un point lumineux apparut à deux ou trois
centaines de pieds en avant.

D'où provenait cette lueur? Était-ce simplement quelque phénomène naturel, l'hydrogène d'un feu follet qui se serait enflammé à
cette profondeur? N'était-ce pas plutôt un falot, porté par une des
personnes qui habitaient le burg?

« Serait-ce elle?... » murmura Franz.

Et il lui revint à la pensée qu'une lumière avait déjà paru, comme
pour lui indiquer l'entrée du château, lorsqu'il était égaré entre
les roches du plateau d'Orgall. Si c'était la Stilla qui lui avait

« Elle! elle!... » s'écria-t-il. (Page 158.)

montré cette lumière à l'une des fenêtres du donjon, n'était-ce pas
elle encore qui cherchait à le guider à travers les sinuosités de cette
substruction ?

A peine maître de lui, Franz se courba et regarda, sans faire un
mouvement.

Une clarté diffuse plutôt qu'un point lumineux, paraissait emplir
une sorte d'hypogée à l'extrémité du couloir.

Franz mit la main sur la porte. (Page 155.)

Hâter sa marche en rampant, car ses jambes pouvaient à peine le soutenir, c'est à quoi se décida Franz, et après avoir franchi une étroite ouverture, il tomba sur le seuil d'une crypte.

Cette crypte, en bon état de conservation, haute d'une douzaine de pieds, se développait circulairement sur un diamètre à peu près égal. Les nervures de sa voûte, que portaient les chapiteaux de huit piliers ventrus, rayonnaient vers une clef pendentive, au centre de laquelle était enchâssée une ampoule de verre, pleine d'une lumière jaunâtre.

En face de la porte, établie entre deux des piliers, il existait une autre porte, qui était fermée et dont les gros clous, rouillés à leur tête, indiquaient la place où s'appliquait l'armature extérieure des verrous.

Franz se redressa, se traîna jusqu'à cette seconde porte, chercha à en ébranler les lourds montants...

Ses efforts furent inutiles.

Quelques meubles délabrés garnissaient la crypte ; ici, un lit ou plutôt un grabat en vieux cœur de chêne, sur lequel étaient jetés différents objets de literie ; là, un escabeau aux pieds tors, une table fixée au mur par des tenons de fer. Sur la table se trouvaient divers ustensiles, un large broc rempli d'eau, un plat contenant un morceau de venaison froide, une grosse miche de pain, semblable à du biscuit de mer. Dans un coin murmurait une vasque, alimentée par un filet liquide, et dont le trop-plein s'écoulait par une perte ménagée à la base de l'un des piliers.

Ces dispositions préalablement prises n'indiquaient-elles pas qu'un hôte était attendu dans cette crypte, ou plutôt un prisonnier dans cette prison ! Le prisonnier était-il donc Franz, et avait-il été attiré par ruse ?

Dans le désarroi de ses pensées, Franz n'en eut pas même le soupçon. Épuisé par le besoin et la fatigue, il dévora les aliments déposés sur la table, il se désaltéra avec le contenu du broc ; puis il se laissa tomber en travers de ce lit grossier, où un repos de quelques minutes pouvait lui rendre un peu de ses forces.

Mais, lorsqu'il voulut rassembler ses idées, il lui sembla qu'elles s'échappaient comme une eau que sa main aurait voulu retenir.

Devrait-il plutôt attendre le jour pour recommencer ses recherches ? Sa volonté était-elle engourdie à ce point qu'il ne fût plus maître de ses actes ?...

« Non ! se dit il, je n'attendrai pas !... Au donjon... il faut que j'arrive au donjon cette nuit même !... »

Tout à coup, la clarté factice que versait l'ampoule encastrée à la clef de voûte s'éteignit, et la crypte fut plongée dans une complète obscurité.

Franz voulut se relever... Il n'y parvint pas, et sa pensée s'endormit ou, pour mieux dire, s'arrêta brusquement, comme l'aiguille d'une horloge dont le ressort se casse. Ce fut un sommeil étrange, ou plutôt une torpeur accablante, un absolu anéantissement de l'être, qui ne provenait pas de l'apaisement de l'esprit...

Combien de temps avait duré ce sommeil, Franz ne sut le constater, lorsqu'il se réveilla. Sa montre arrêtée ne lui indiquait plus l'heure. Mais la crypte était baignée de nouveau d'une lumière artificielle.

Franz s'éloigna hors de son lit, fit quelques pas du côté de la première porte : elle était toujours ouverte ; — vers la seconde porte : elle était toujours fermée.

Il voulut réfléchir et cela ne se fit pas sans peine.

Si son corps était remis des fatigues de la veille, il se sentait la tête à la fois vide et pesante.

« Combien de temps ai-je dormi? se demanda-t-il. Fait-il nuit, fait-il jour?... »

A l'intérieur de la crypte, il n'y avait rien de changé, si ce n'est que la lumière avait été rétablie, la nourriture renouvelée, le broc rempli d'une eau claire.

Quelqu'un était-il donc entré pendant que Franz était plongé dans cet accablement torpide? On savait qu'il avait atteint les profondeurs du burg?... Il se trouvait au pouvoir du baron Rodolphe de Gortz... Était-il condamné à ne plus avoir aucune communication avec ses semblables?

Ce n'était pas admissible, et, d'ailleurs, il fuirait, puisqu'il pouvait encore le faire, il retrouverait la galerie qui conduisait à la poterne, il sortirait du château...

Sortir?... Il se souvint alors que la poterne s'était refermée derrière lui...

Eh bien! il chercherait à gagner le mur d'enceinte, et par une des embrasures de la courtine, il essaierait de se glisser au dehors... Coûte que coûte, il fallait qu'avant une heure, il se fût échappé du burg...

Mais la Stilla... Renoncerait-il à parvenir jusqu'à elle?... Partirait-il sans l'avoir arrachée à Rodolphe de Gortz?...

Non! et ce dont il n'aurait pu venir à bout, il le ferait avec le concours des agents que Rotzko avait dû ramener de Karlsburg au village de Werst... On se précipiterait à l'assaut de la vieille enceinte... on fouillerait le burg de fond en comble!...

Cette résolution prise, il s'agissait de la mettre à exécution sans perdre un instant.

Franz se leva, et il se dirigeait vers le couloir par lequel il était arrivé, lorsqu'une sorte de glissement se produisit derrière la seconde porte de la crypte.

C'était certainement un bruit de pas qui se rapprochaient — lentement.

Franz vint placer son oreille contre le vantail de la porte, et, retenant sa respiration, il écouta...

Les pas semblaient se poser à intervalles réguliers, comme s'ils eussent monté d'une marche à une autre. Nul doute qu'il y eût là un second escalier, qui reliait la crypte aux cours intérieures.

Pour être prêt à tout événement, Franz tira de sa gaîne le couteau qu'il portait à sa ceinture et l'emmancha solidement dans sa main.

Si c'était un des serviteurs du baron de Gortz qui entrait, il se jetterait sur lui, il lui arracherait ses clefs, il le mettrait hors d'état de le suivre; puis, s'élançant par cette nouvelle issue, il tenterait d'atteindre le donjon.

Si c'était le baron Rodolphe de Gortz, — et il reconnaîtrait bien l'homme qu'il avait aperçu au moment où la Stilla tombait sur la scène de San-Carlo, — il le frapperait sans pitié.

Cependant les pas s'étaient arrêtés au palier qui formait le seuil extérieur.

Franz, ne faisant pas un mouvement, attendait que la porte s'ouvrit...

Elle ne s'ouvrit pas, et une voix d'une douceur infinie arriva jusqu'au jeune comte.

C'était la voix de la Stilla... oui !... mais sa voix un peu affaiblie avec toutes ses inflexions, son charme inexprimable, ses caressantes modulations, admirable instrument de cet art merveilleux qui semblait être mort avec l'artiste.

Et la Stilla répétait la plaintive mélodie, qui avait bercé le rêve de Franz, lorsqu'il sommeillait dans la grande salle de l'auberge de Werst :

> Nel giardino de' mille fiori,
> Andiamo, mio cuore..

Ce chant pénétrait Franz jusqu'au plus profond de son âme... Il l'aspirait, il le buvait comme une liqueur divine, tandis que la Stilla semblait l'inviter à la suivre, répétant :

> Andiamo, mio cuore... andiamo...

Et pourtant la porte ne s'ouvrait pas pour lui livrer passage !... Ne pourrait-il donc arriver jusqu'à la Stilla, la prendre entre ses bras l'entraîner hors du burg ?...

« Stilla... ma Stilla... » s'écria-t-il.

Et il se jeta sur la porte, qui résista à ses efforts.

Déjà le chant semblait s'affaiblir... la voix s'éteindre... les pas s'éloigner...

Franz, agenouillé, cherchait à ébranler les ais, se déchirant les mains aux ferrures, appelait toujours la Stilla, dont la voix ne s'entendait presque plus.

C'est alors qu'une effroyable pensée lui traversa l'esprit comme un éclair.

« Folle !... s'écria-t-il, elle est folle, puisqu'elle ne m'a pas reconnu... puisqu'elle n'a pas répondu !... Depuis cinq ans, enfermée

ici... au pouvoir de cet homme... ma pauvre Stilla... sa raison s'est
égarée... »

Alors il se releva, les yeux hagards, les gestes désordonnés, la tête
en feu...

« Moi aussi... je sens que ma raison s'égare!... répétait-il. Je sens
que je vais devenir fou... fou comme elle... »

Il allait et venait à travers la crypte avec les bonds d'un fauve dans
sa cage...

« Non! répéta-t-il, non!... Il ne faut pas que ma tête se perde!...
Il faut que je sorte du burg... J'en sortirai! »

Et il s'élança vers la première porte...

Elle venait de se fermer sans bruit.

Franz ne s'en était pas aperçu, pendant qu'il écoutait la voix de la
Stilla...

Après avoir été emprisonné dans l'enceinte du burg, il était maintenant emprisonné dans la crypte.

XIV

Franz était atterré. Ainsi qu'il avait pu le craindre, la faculté
de réfléchir, la compréhension des choses, l'intelligence nécessaire
pour en déduire les conséquences, lui échappaient peu à peu. Le seul
sentiment qui persistait en lui, c'était le souvenir de la Stilla, c'était
l'impression de ce chant que les échos de cette sombre crypte ne
lui renvoyaient plus.

Avait-il donc été le jouet d'une illusion? Non, mille fois non!
C'était bien la Stilla qu'il avait entendue tout à l'heure, et c'était
bien elle qu'il avait vue sur le bastion du château.

Alors cette pensée le reprit, cette pensée qu'elle était privée de raison, et ce coup horrible le frappa comme s'il venait de la perdre une seconde fois.

« Folle! se répéta-t-il. Oui!... folle... puisqu'elle n'a pas reconnu ma voix... puisqu'elle n'a pas pu répondre... folle... folle! »

Et cela n'était que trop vraisemblable!

Ah! s'il pouvait l'arracher de ce burg, l'entraîner au château de Krajowa, se consacrer tout entier à elle, ses soins, son amour sauraient bien lui rendre la raison!

Voilà ce que disait Franz, en proie à un effrayant délire, et plusieurs heures s'écoulèrent avant qu'il eût repris possession de lui-même.

Il essaya alors de raisonner froidement, de se reconnaître dans le chaos de ses pensées.

« Il faut m'enfuir d'ici... se dit-il. Comment?... Dès qu'on rouvrira cette porte!... Oui!... C'est pendant mon sommeil que l'on vient renouveler ces provisions... J'attendrai... je feindrai de dormir... »

Un soupçon lui vint alors : c'est que l'eau du broc devait renfermer quelque substance soporifique... S'il avait été plongé dans ce lourd sommeil, dans ce complet anéantissement dont la durée lui échappait, c'était pour avoir bu de cette eau... Eh bien! il n'en boirait plus... Il ne toucherait même pas aux aliments qui avaient été déposés sur cette table... Un des gens du burg ne tarderait pas à entrer, et bientôt...

Bientôt?... Qu'en savait-il?... En ce moment, le soleil montait-il vers le zénith ou s'abaissait-il sur l'horizon?... Faisait-il jour ou nuit?

Aussi Franz cherchait-il à surprendre le bruit d'un pas, qui se fût approché de l'une ou de l'autre porte... Mais aucun bruit n'arrivant jusqu'à lui, il rampait le long des murs de la crypte, la tête brûlante, l'œil égaré, l'oreille bourdonnante, la respiration haletante sous l'oppression d'une atmosphère alourdie, qui se renouvelait à peine à travers le joint des portes...

Retenant sa respiration, Franz écouta. (Page 164.)

Soudain, à l'angle de l'un des piliers de droite, il sentit un souffle plus frais arriver à ses lèvres.

En cet endroit existait-il donc une ouverture par laquelle pénétrait un peu de l'air du dehors?

Oui... Il y avait un passage qu'on ne soupçonnait pas sous l'ombre du pilier.

Se glisser entre les deux parois, se diriger vers une assez vague

Tenter de s'élever le long de ces parois .. (Page 170.)

clarté qui semblait venir d'en haut, c'est ce que le jeune comte eut fait en un instant.

Là s'arrondissait une petite cour, large de cinq à six pas, dont les murailles s'élevaient d'une centaine de pieds. On eût dit le fond d'un puits qui servait de préau à cette cellule souterraine, et par lequel tombait un peu d'air et de clarté.

Franz put s'assurer qu'il faisait jour encore. A l'orifice supérieur de ce puits se dessinait un angle de lumière, oblique au niveau de la margelle.

Le soleil avait accompli au moins la moitié de sa course diurne, car cet angle lumineux tendait à se rétrécir.

Il devait être environ cinq heures du soir.

De là cette conséquence, c'est que le sommeil de Franz se serait prolongé pendant au moins quarante heures, et il ne douta pas qu'il n'eût été provoqué par une boisson soporifique.

Or, comme le jeune comte et Rotzko avaient quitté le village de Werst l'avant-veille, 11 juin, c'était la journée du 13 qui allait s'achever...

Si humide que fût l'air au fond de cette cour, Franz l'aspira à pleins poumons, et se sentit un peu soulagé. Mais, s'il avait espéré qu'une évasion serait possible par ce long tube de pierre, il fut vite détrompé. Tenter de s'élever le long de ses parois, qui ne présentaient aucune saillie, était impraticable.

Franz revint à l'intérieur de la crypte. Puisqu'il ne pouvait s'enfuir que par l'une des deux portes, il voulut se rendre compte de l'état dans lequel elles se trouvaient.

La première porte — par laquelle il était arrivé, — était très solide, très épaisse, et devait être maintenue extérieurement par des verrous engagés dans une gâche de fer : donc inutile d'essayer d'en forcer les vantaux.

La seconde porte, — derrière laquelle s'était fait entendre la voix de la Stilla, — semblait moins bien conservée. Les planches étant pourries par endroits... Peut-être ne serait-il pas trop difficile de se frayer passage de ce côté.

« Oui... c'est par là... c'est par là !... » se dit Franz, qui avait repris son sang-froid.

Mais il n'y avait pas de temps à perdre, car il était probable que quelqu'un entrerait dans la crypte, dès qu'on le supposerait endormi sous l'influence de la boisson somnifère.

Le travail marcha plus vite qu'il n'aurait pu l'espérer, la moisis-

sure ayant rongé le bois autour de l'armature métallique qui retenait les verrous contre l'embrasure. Avec son couteau, Franz parvint
à en détacher la partie circulaire, opérant presque sans bruit, s'arrêtant parfois, prêtant l'oreille, s'assurant qu'il n'entendait rien au
dehors.

Trois heures après, les verrous étaient dégagés, et la porte s'ouvrait
en grinçant sur ses gonds.

Franz regagna alors la petite cour, afin de respirer un air moins
étouffant.

En ce moment, l'angle lumineux ne se découpait plus à l'orifice
du puits, preuve que le soleil était déjà descendu au-dessous du
Retyezat. La cour se trouvait plongée dans une obscurité profonde.
Quelques étoiles brillaient à l'ovale de la margelle, comme si on
les eût regardées par le tube d'un long télescope. De petits nuages
s'en allaient lentement au souffle intermittent de ces brises qui mol-
lissent avec la nuit. Certaines teintes de l'atmosphère indiquaient
aussi que la lune, à demi pleine encore, avait dépassé l'horizon des
montagnes de l'est.

Il devait être à peu près neuf heures du soir.

Franz rentra pour prendre un peu de nourriture et se désaltérer à
l'eau de la vasque, ayant d'abord renversé celle du broc. Puis, fixant
son couteau à sa ceinture, il franchit la porte qu'il repoussa derrière lui.

Et peut-être, maintenant, allait-il rencontrer l'infortunée Stilla,
errant à travers ces galeries souterraines?... A cette pensée, son cœur
battait à se rompre.

Dès qu'il eut fait quelques pas, il heurta une marche. Ainsi qu'il
l'avait pensé, là commençait un escalier, dont il compta les degrés
en le montant, — soixante seulement, au lieu des soixante-dix-
sept qu'il avait dû descendre pour arriver au seuil de la crypte. Il
s'en fallait donc de quelque huit pieds qu'il fût revenu au niveau
du sol.

N'imaginant rien de mieux, d'ailleurs, que de suivre l'obscur corridor, dont ses deux mains étendues frôlaient les parois, il continua d'avancer.

Une demi-heure s'écoula, sans qu'il eût été arrêté ni par une porte ni par une grille. Mais de nombreux coudes l'avaient empêché de reconnaître sa direction par rapport à la courtine, qui faisait face au plateau d'Orgall.

Après une halte de quelques minutes, pendant lesquelles il reprit haleine, Franz se remit en marche et il semblait que ce corridor fût interminable, quand un obstacle l'arrêta.

C'était la paroi d'un mur de briques.

En tâtant à diverses hauteurs, sa main ne rencontra pas la moindre ouverture.

Il n'y avait aucune issue de ce côté.

Franz ne put retenir un cri. Tout ce qu'il avait conçu d'espoir se brisait contre cet obstacle. Ses genoux fléchirent, ses jambes se dérobèrent, il tomba le long de la muraille.

Mais, au niveau du sol, la paroi présentait une étroite crevasse, dont les briques disjointes adhéraient à peine et s'ébranlaient sous les doigts.

« Par là... oui!... par là!... » s'écria Franz.

Et il commençait à enlever les briques une à une, lorsqu'un bruit se fit entendre de l'autre côté.

Franz s'arrêta.

Le bruit n'avait pas cessé, et, en même temps, un rayon de lumière arrivait à travers la crevasse.

Franz regarda.

Là était la vieille chapelle du château. A quel lamentable état de délabrement le temps et l'abandon l'avaient réduite : une voûte à demi effondrée, dont quelques nervures se raccordaient encore sur des piliers gibbeux, deux ou trois arceaux de style ogival menaçant ruine; un fenestrage disloqué où se dessinaient de frêles meneaux du gothique flamboyant; çà et là, un marbre poussièreux, sous lequel dormait quelque ancêtre de la famille de Gortz; au fond du chevet,

un fragment d'autel dont le retable montrait des sculptures égra-
tignées, puis un reste de la toiture, coiffant le dessus de l'abside,
qui avait été épargné par les rafales, et enfin au faîte du portail,
le campanile branlant, d'où pendait une corde jusqu'à terre, —
la corde de cette cloche, qui tintait quelquefois, à l'inexprimable
épouvante des gens de Werst, attardés sur la route du col.

Dans cette chapelle, déserte depuis si longtemps, ouverte aux intem-
péries du climat des Carpathes, un homme venait d'entrer, tenant à la
main un fanal, dont la clarté mettait sa face en pleine lumière.

Franz reconnut aussitôt cet homme.

C'était Orfanik, cet excentrique dont le baron faisait son unique
société pendant son séjour dans les grandes villes italiennes, cet
original que l'on voyait passer à travers les rues, gesticulant et
se parlant à lui-même, ce savant incompris, cet inventeur toujours à
la poursuite de quelque chimère, et qui mettait certainement ses inventions au service de Rodophe de Gortz!

Si donc Franz avait pu conserver jusque-là quelque doute sur la présence du baron au château des Carpathes, même après l'apparition de
la Stilla, ce doute se fût changé en certitude, puisque Orfanik était
là devant ses yeux.

Qu'avait-il à faire dans cette chapelle en ruines, à cette heure
avancée de la nuit?

Franz essaya de s'en rendre compte, et voici ce qu'il vit assez distinctement.

Orfanik, courbé vers le sol, venait de soulever plusieurs cylindres
de fer, auxquels il attachait un fil, qui se déroulait d'une bobine déposée dans un coin de la chapelle. Et telle était l'attention qu'il ap-
portait à ce travail qu'il n'eût pas même aperçu le jeune comte, si
celui-ci avait été à même de s'approcher.

Ah! pourquoi la crevasse que Franz avait entrepris d'élargir
n'était-elle pas suffisante pour lui livrer passage! Il serait entré dans
la chapelle, il se serait précipité sur Orfanik, il l'aurait obligé à le
conduire au donjon...

Mais peut-être était-il heureux qu'il fût hors d'état de le faire, car, en cas que sa tentative eût échoué, le baron de Gortz lui aurait fait payer de sa vie les secrets qu'il venait de découvrir !

Quelques minutes après l'arrivée de Orfanik, un autre homme pénétra dans la chapelle. .

C'était le baron Rodolphe de Gortz.

L'inoubliable physionomie de ce personnage n'avait pas changé. Il ne semblait même pas avoir vieilli, avec sa figure pâle et longue que le fanal éclairait de bas en haut, ses longs cheveux grisonnants, rejetés en arrière, son regard étincelant jusqu'au fond de ses noires orbites.

Rodolphe de Gortz s'approcha pour examiner le travail dont s'occupait Orfanik.

Et voici les propos qui furent échangés d'une voix brève entre ces deux hommes.

XV

« Le raccordement de la chapelle est-il fini, Orfanik ?

— Je viens de l'achever.

— Tout est préparé dans les casemates des bastions ?

— Tout.

— Maintenant les bastions et la chapelle sont directement reliés au donjon ?

— Ils le sont.

— Et, après que l'appareil aura lancé le courant, nous aurons le temps de nous enfuir ?

— Nous l'aurons.

— A-t-on vérifié si le tunnel qui débouche sur le col de Vulkan était libre ?

— Il l'est. »

Il y eut alors quelques instants de silence, tandis que Orfanik, ayant repris son fanal, en projetait la clarté à travers les profondeurs de la chapelle.

« Ah ! mon vieux burg, s'écria le baron, tu coûteras cher à ceux qui tenteront de forcer ton enceinte ! »

Et Rodolphe de Gortz prononça ces mots d'un ton qui fit frémir le jeune comte.

« Vous avez entendu ce qui se disait à Werst ? demanda-t-il à Orfanik.

— Il y a cinquante minutes, le fil m'a rapporté les propos que l'on tenait dans l'auberge du *Roi Mathias.*

— Est-ce que l'attaque est pour cette nuit ?

— Non, elle ne doit avoir lieu qu'au lever du jour.

— Depuis quand ce Rotzko est-il revenu à Werst ?

— Depuis deux heures, avec les agents de la police qu'il a ramenés de Karlsburg.

— Eh bien ! puisque le château ne peut plus se défendre, répéta le baron de Gortz, du moins écrasera-t-il sous ses débris ce Franz de Télek et tous ceux qui lui viendront en aide. »

Puis, au bout de quelques moments :

« Et ce fil, Orfanik ? reprit-il. Il ne faut pas que l'on puisse jamais savoir qu'il établissait une communication entre le château et le village de Werst...

— On ne le saura pas ; je détruirai ce fil. »

A notre avis, l'heure est venue de donner l'explication de certains phénomènes, qui se sont produits au cours de ce récit, et dont l'origine ne devait pas tarder à être révélée.

A cette époque — nous ferons très particulièrement remarquer que cette histoire s'est déroulée dans l'une des dernières années du

« Le raccordement de la chapelle est-il fini? » (Page 174.)

xixe siècle, — l'emploi de l'électricité, qui est à juste titre considérée comme « l'âme de l'univers », avait été poussé aux derniers perfectionnements. L'illustre Edison et ses disciples avaient parachevé leur œuvre.

Entre autres appareils électriques, le téléphone fonctionnait alors avec une précision si merveilleuse que les sons, recueillis par les plaques, arrivaient librement à l'oreille sans l'aide de cornets. Ce qui

Il regarda dans la direction du plateau d'Orgall. (Page 186)

se disait, ce qui se chantait, ce qui se murmurait même, on pouvait l'entendre quelle que fût la distance, et deux personnes, séparées par des milliers de lieues, causaient entre elles, comme si elles eussent été assises en face l'une de l'autre [1].

Depuis bien des années déjà, Orfanik, l'inséparable du baron Ro-

1. Elles pouvaient même se voir dans des glaces reliées par des fils, grâce à l'invention du téléphote.

dolphc de Gortz, était, en ce qui concerne l'utilisation pratique de l'électricité, un inventeur de premier ordre. Mais, on le sait, ses admirables découvertes n'avaient pas été accueillies comme elles le méritaient. Le monde savant n'avait voulu voir en lui qu'un fou au lieu d'un homme de génie dans son art. De là, cette implacable haine que l'inventeur, éconduit et rebuté, avait vouée à ses semblables.

Ce fut en ces conditions que le baron de Gortz rencontra Orfanik, talonné par la misère. Il encouragea ses travaux, il lui ouvrit sa bourse, et, finalement, il se l'attacha à la condition, toutefois, que le savant lui réserverait le bénéfice de ses inventions et qu'il serait seul à en profiter.

Au total, ces deux personnages, originaux et maniaques chacun à sa façon, étaient bien de nature à s'entendre. Aussi, depuis leur rencontre, ne se séparèrent-ils plus — pas même lorsque le baron de Gortz suivait la Stilla à travers toutes les villes de l'Italie.

Mais, tandis que le mélomane s'enivrait du chant de l'incomparable artiste, Orfanik ne s'occupait que de compléter les découvertes qui avaient été faites par les électriciens pendant ces dernières années, à perfectionner leurs applications, à en tirer les plus extraordinaires effets.

Après les incidents qui terminèrent la campagne dramatique de la Stilla, le baron de Gortz disparut sans que l'on pût savoir ce qu'il était devenu. Or, en quittant Naples, c'était au château des Carpathes qu'il était allé se réfugier, accompagné de Orfanik, très satisfait de s'y enfermer avec lui.

Lorsqu'il eut pris la résolution d'enfouir son existence entre les murs de ce vieux burg, l'intention du baron de Gortz était qu'aucun habitant du pays ne pût soupçonner son retour, et que personne ne fût tenté de lui rendre visite. Il va sans dire que Orfanik et lui avaient le moyen d'assurer très suffisamment la vie matérielle dans le château. En effet, il existait une communication secrète avec la route du col de Vulkan, et c'est par cette route qu'un homme sûr, un ancien serviteur du baron que nul ne connaissait, introduisait à

dates fixes tout qui était nécessaire à l'existence du baron Rodolphe
et de son compagnon.

En réalité, ce qui restait du burg, — et notamment le donjon
central, — était moins délabré qu'on ne le croyait et même plus
habitable que ne l'exigeaient les besoins de ses hôtes. Aussi, pourvu
de tout ce qu'il fallait pour ses expériences, Orfanik put-il s'occuper
de ces prodigieux travaux dont la physique et la chimie lui fournis-
saient les éléments. Et alors l'idée lui vint de les utiliser en vue d'é-
loigner les importuns.

Le baron de Gortz accueillit la proposition avec empressement, et
Orfanik installa une machinerie spéciale, destinée à épouvanter le
pays en produisant des phénomènes, qui ne pouvaient être attribués
qu'à une intervention diabolique.

Mais, en premier lieu, il importait au baron de Gortz d'être tenu au
courant de ce qui se disait au village le plus rapproché. Y avait-il
donc un moyen d'entendre causer les gens sans qu'ils pussent s'en
douter? Oui, si l'on réussissait à établir une communication téléphonique entre le château et cette grande salle de l'auberge du *Roi
Mathias*, où les notables de Werst avaient l'habitude de se réunir
chaque soir.

C'est ce que Orfanik effectua non moins adroitement que secrètement dans les conditions les plus simples. Un fil de cuivre,
revêtu de sa gaîne isolante, et dont un bout remontait au premier
étage du donjon, fut déroulé sous les eaux du Nyad jusqu'au village
de Werst. Ce premier travail accompli, Orfanik, se donnant pour
un touriste, vint passer une nuit au *Roi Mathias*, afin de raccorder
ce fil à la grande salle de l'auberge. On le comprend, il ne lui fut pas
difficile d'en ramener l'extrémité, plongée dans le lit du torrent, à
la hauteur de cette fenêtre de la façade postérieure qui ne s'ouvrait
jamais. Puis, ayant placé un appareil téléphonique, que cachait l'é-
pais fouillis du feuillage, il y rattacha le fil. Or, cet appareil étant
merveilleusement disposé pour émettre comme pour recueillir les
sons, il s'en suivit que le baron de Gortz pouvait entendre tout

ce qui se disait au *Roi Mathias*, et y faire entendre aussi tout ce qui
lui convenait.

Durant les premières années, la tranquillité du burg ne fut
aucunement troublée. La mauvaise réputation dont il jouissait
suffisait à en écarter les habitants de Werst. D'ailleurs, on le savait
abandonné depuis la mort des derniers serviteurs de la famille.
Mais, un jour, à l'époque où commence ce récit, la lunette, du berger
Frik permit d'apercevoir une fumée qui s'échappait de l'une des cheminées du donjon. A partir de ce moment, les commentaires reprirent
de plus belle, et l'on sait ce qui en résulta.

C'est alors que la communication téléphonique fut utile, puisque
le baron de Gortz et Orfanik purent être tenus au courant de
tout ce qui se passait à Werst. C'est par le fil qu'ils connurent
l'engagement qu'avait pris Nic Deck de se rendre au burg, et
c'est par le fil qu'une voix menaçante se fit soudain entendre
dans la salle du *Roi Mathias* pour l'en détourner. Dès lors, le
jeune forestier ayant persisté dans sa résolution malgré cette
menace, le baron de Gortz décida-t-il de lui infliger une telle leçon
qu'il perdît l'envie d'y jamais revenir. Cette nuit-là, la machinerie de Orfanik, qui était toujours prête à fonctionner, produisit
une série de phénomènes purement physiques, de nature à jeter
l'épouvante sur le pays environnant : cloche tintant au campanile de
la chapelle, projection d'intenses flammes, mélangées de sel marin,
qui donnaient à tous les objets une apparence spectrale, formi-
dables sirènes d'où l'air comprimé s'échappait en mugissements
épouvantables, silhouettes photographiques de monstres projetées
au moyen de puissants réflecteurs, plaques disposées entre les
herbes du fossé de l'enceinte et mises en communication avec des piles
dont le courant avait saisi le docteur par ses bottes ferrées, enfin
décharge électrique, lancée des batteries du laboratoire, et qui avait
renversé le forestier, au moment où sa main se posait sur la ferrure
du pont-levis.

Ainsi que le baron de Gortz le pensait, après l'apparition de ces

inexplicables prodiges, après la tentative de Nic Deck qui avait si
mal tourné, la terreur fut au comble, et, ni pour or ni pour argent,
personne n'eût voulu s'approcher, — même à deux bons milles
— de ce château des Carpathes, évidemment hanté par des êtres
surnaturels.

Rodolphe de Gortz devait donc se croire à l'abri de toute curiosité
importune, lorsque Franz de Télek arriva au village de Werst.

Tandis qu'il interrogeait soit Jonas, soit maître Koltz et les
autres, sa présence à l'auberge du *Roi Mathias* fut aussitôt signalée
par le fil du Nyad. La haine du baron de Gortz pour le jeune comte
se ralluma avec le souvenir des événements qui s'étaient passés
à Naples. Et non seulement Franz de Télek était dans ce village,
à quelques milles du burg, mais voilà que, devant les notables, il
raillait leurs absurdes superstitions, il démolissait cette réputation
fantastique qui protégeait le château des Carpathes, il s'engageait
même à prévenir les autorités de Karlsburg, afin que la police vînt
mettre à néant toutes ces légendes!

Aussi le baron de Gortz résolut-il d'attirer Franz de Télek dans
le burg, et l'on sait par quels divers moyens il y était parvenu. La voix
de la Stilla, envoyée à l'auberge du *Roi Mathias* par l'appareil téléphonique, avait provoqué le jeune comte à se détourner de sa route
pour s'approcher du château; l'apparition de la cantatrice sur le
terre-plein du bastion lui avait donné l'irrésistible désir d'y pénétrer;
une lumière, montrée à une des fenêtres du donjon, l'avait guidé
vers la poterne qui était ouverte pour lui donner passage. Au fond de
cette crypte, éclairée électriquement, de laquelle il avait encore entendu
cette voix si pénétrante, entre les murs de cette cellule, où des aliments
lui étaient apportés alors qu'il dormait d'un sommeil léthargique, dans
cette prison enfouie sous les profondeurs du burg et dont la porte s'é-
tait refermée sur lui, Franz de Télek était au pouvoir du baron de Gortz,
et le baron de Gortz comptait bien qu'il n'en pourrait jamais sortir.

Tels étaient les résultats obtenus par cette collaboration mystérieuse de Rodolphe de Gortz et de son complice Orfanik. Mais, à son

extrême dépit, le baron savait que l'éveil avait été donné par Rotzko qui, n'ayant point suivi son maître à l'intérieur du château, avait prévenu les autorités de Karlsburg. Une escouade d'agents était arrivée au village de Werst, et le baron de Gortz allait avoir affaire à trop forte partie. En effet, comment Orfanik et lui parviendraient-ils à se défendre contre une troupe nombreuse ? Les moyens employés contre Nic Deck et le docteur Patak seraient insuffisants, car la police ne croit guère aux interventions diaboliques. Aussi tous deux s'étaient-ils déterminés à détruire le burg de fond en comble, et ils n'attendaient plus que le moment d'agir. Un courant électrique était préparé pour mettre le feu aux charges de dynamite qui avaient été enterrées sous le donjon, les bastions, la vieille chapelle, et l'appareil, destiné à lancer ce courant, devait laisser au baron de Gortz et à son complice le temps de fuir par le tunnel du col de Vulkan. Puis, après l'explosion dont le jeune comte et nombre de ceux qui auraient escaladé l'enceinte du château seraient les victimes, tous deux s'enfuiraient si loin que jamais on ne retrouverait leurs traces.

Ce qu'il venait d'entendre de cette conversation avait donné à Franz l'explication des phénomènes du passé. Il savait maintenant qu'une communication téléphonique existait entre le château des Carpathes et le village de Werst. Il n'ignorait pas non plus que le burg allait être anéanti dans une catastrophe qui lui coûterait la vie et serait fatale aux agents de la police amenés par Rotzko. Il savait enfin que le baron de Gortz et Orfanik auraient le temps de fuir, — fuir en entraînant la Stilla, inconsciente...

Ah! pourquoi Franz ne pouvait-il forcer l'entrée de la chapelle, se jeter sur ces deux hommes!...Il les aurait terrassés, il les aurait frappés, il les aurait mis hors d'état de nuire, il aurait pu empêcher l'effroyable ruine!

Mais ce qui était impossible en ce moment, ne le serait peut-être pas après le départ du baron. Lorsque tous deux auraient quitté la chapelle, Franz, se jetant sur leurs traces, les poursuivrait jusqu'au donjon, et, Dieu aidant, il ferait justice!

Le baron de Gortz et Orfanik étaient déjà au fond du chevet. Franz ne les perdait pas du regard. Par quelle issue allaient-ils sortir? Serait-ce une porte donnant sur l'une des cours de l'enceinte, ou quelque couloir intérieur qui devait raccorder la chapelle avec le donjon, car il semblait que toutes les constructions du burg communiquaient entre elles? Peu importait, si le jeune comte ne rencontrait pas un obstacle qu'il ne pourrait franchir.

En ce moment, quelques paroles furent encore échangées entre le baron de Gortz et Orfanik.

« Il n'y a plus rien à faire ici?

— Rien.

— Alors séparons-nous.

— Votre intention est toujours que je vous laisse seul dans le château?...

— Oui, Orfanik, et partez à l'instant par le tunnel du col de Vulkan.

— Mais vous?...

— Je ne quitterai le burg qu'au dernier instant.

— Il est bien convenu que c'est à Bistritz que je dois aller vous attendre?

— A Bistritz.

— Restez donc, baron Rodolphe, et restez seul, puisque c'est votre volonté.

— Oui... car je veux l'entendre... je veux l'entendre encore une fois pendant cette dernière nuit que j'aurai passée au château des Carpathes! »

Quelques instants encore et le baron de Gortz, avec Orfanik, avait quitté la chapelle.

Bien que le nom de la Stilla n'eût pas été prononcé dans cette conversation, Franz l'avait bien compris, c'était d'elle que venait de parler Rodolphe de Gortz.

XVI

Le désastre était imminent, Franz ne pouvait le prévenir qu'en mettant le baron de Gortz hors d'état d'exécuter son projet.

Il était alors onze heures du soir. Ne craignant plus d'être découvert, Franz reprit son travail. Les briques de la paroi se détachaient assez facilement; mais son épaisseur était telle qu'une demi-heure s'écoula avant que l'ouverture fût assez large pour lui livrer passage.

Dès que Franz eut mis le pied à l'intérieur de cette chapelle ouverte à tous les vents, il se sentit ranimé par l'air du dehors. A travers les déchirures de la nef et l'embrasure des fenêtres, le ciel laissait voir de légers nuages, chassés par la brise. Çà et là apparaissaient quelques étoiles que faisait pâlir l'éclat de la lune montant sur l'horizon.

Il s'agissait de trouver la porte qui s'ouvrait au fond de la chapelle, et par laquelle le baron de Gortz et Orfanik étaient sortis. C'est pourquoi, ayant traversé la nef obliquement, Franz s'avança-t-il vers le chevet.

En cette partie très obscure, où ne pénétraient pas les rayons lunaires, son pied se heurtait à des débris de tombes et aux fragments détachés de la voûte.

Enfin, à l'extrémité du chevet, derrière le retable de l'autel, près une sombre encoignure, Franz sentit une porte vermoulue céder sous sa poussée.

Cette porte s'ouvrait sur une galerie, qui devait traverser l'enceinte.

C'était par là que le baron de Gortz et Orfanik étaient entrés dans la chapelle, et c'était par là qu'ils venaient d'en sortir.

Dès que Franz fut dans la galerie, il se trouva de nouveau au milieu d'une complète obscurité. Après nombre de détours, sans avoir eu ni à monter ni à descendre, il était certain de s'être maintenu au niveau des cours intérieures.

Une demi-heure plus tard, l'obscurité parut être moins profonde : une demi-clarté se glissait à travers quelques ouvertures latérales de la galerie.

Franz put marcher plus rapidement, et il déboucha dans une large casemate, ménagée sous ce terre-plein du bastion, qui flanquait l'angle gauche de la courtine.

Cette casemate était percée d'étroites meurtrières, par lesquelles pénétraient les rayons de la lune.

A l'opposé il y avait une porte ouverte.

Le premier soin de Franz fut de se placer devant une des meurtrières, afin de respirer cette fraîche brise de la nuit durant quelques secondes.

Mais, au moment où il allait se retirer, il crut apercevoir deux ou trois ombres, qui se mouvaient à l'extrémité inférieure du plateau d'Orgall, éclairé jusqu'au sombre massif de la sapinière.

Franz regarda.

Quelques hommes allaient et venaient sur ce plateau, un peu en avant des arbres — sans doute les agents de Karlsburg, ramenés par Rotzko. S'étaient-ils donc décidés à opérer de nuit, dans l'espoir de surprendre les hôtes du château, ou attendaient-ils en cet endroit les premières lueurs de l'aube ?

Quel effort Franz dut faire sur lui-même pour retenir le cri prêt à lui échapper, pour ne pas appeler Rotzko, qui aurait bien su entendre et reconnaître sa voix ! Mais ce cri pouvait arriver jusqu'au donjon, et, avant que les agents eussent escaladé l'enceinte, Rodolphe de Gortz aurait le temps de mettre son appareil en activité et de s'enfuir par le tunnel.

Franz parvint à se maitriser et s'éloigna de la meurtrière. Puis, la casemate traversée, il franchit la porte et continua de suivre la galerie.

Cinq cents pas plus loin, il arriva au seuil d'un escalier qui se déroulait dans l'épaisseur du mur.

Était-il enfin au donjon qui se dressait au milieu de la place d'armes? Il avait lieu de le croire.

Cependant, cet escalier ne devait pas être l'escalier principal qui accédait aux divers étages. Il ne se composait que d'une suite d'échelons circulaires, disposés comme les filets d'une vis à l'intérieur d'une cage étroite et obscure.

Franz monta sans bruit, écoutant, mais n'entendant rien, et, au bout d'une vingtaine de marches, il s'arrêta sur un palier.

Là, une porte s'ouvrait attenant à la terrasse, dont le donjon était entouré à son premier étage.

Franz se glissa le long de cette terrasse et, en prenant le soin de s'abriter derrière le parapet, il regarda dans la direction du plateau d'Orgall.

Plusieurs hommes apparaissaient encore au bord de la sapinière, et rien n'indiquait qu'ils voulussent se rapprocher du burg.

Décidé à rejoindre le baron de Gortz avant qu'il se fût enfui par le tunnel du col, Franz contourna l'étage et arriva devant une autre porte, où la vis de l'escalier reprenait sa révolution ascendante.

Il mit le pied sur la première marche, appuya ses deux mains aux parois, et commença à monter.

Toujours même silence.

L'appartement du premier étage n'était point habité.

Franz se hâta d'atteindre les paliers qui donnaient accès aux étages supérieurs.

Lorsqu'il eut atteint le troisième palier, son pied ne rencontra plus de marche. Là se terminait l'escalier, qui desservait l'appartement le plus élevé du donjon, celui que couronnait la plate-forme crénelée, où flottait autrefois l'étendard des barons de Gortz.

La paroi, à gauche du palier, était percée d'une porte, fermée en ce moment.

A travers le trou de la serrure, dont la clef était en dehors, filtrait un vif rayon de lumière.

Franz écouta et ne perçut aucun bruit à l'intérieur de l'appartement.

En appliquant son œil à la serrure, il ne distingua que la partie gauche d'une chambre, qui était très éclairée, la partie droite étant plongée dans l'ombre.

Après avoir tourné la clef doucement, Franz poussa la porte qui s'ouvrit.

Une salle spacieuse occupait tout cet étage supérieur du donjon. Sur ses murs circulaires s'appuyait une voûte à caissons, dont les nervures, en se rejoignant au centre, se fondaient en un lourd pendentif. Des tentures épaisses, d'anciennes tapisseries à personnages, recouvraient ses parois. Quelques vieux meubles, bahuts, dressoirs, fauteuils, escabeaux, la meublaient assez artistement. Aux fenêtres pendaient d'épais rideaux, qui ne laissaient rien passer au dehors de la clarté intérieure. Sur le plancher se développait un tapis de haute laine, sur lequel s'amortissaient les pas.

L'arrangement de la salle était au moins bizarre, et, en y pénétrant, Franz fut surtout frappé du contraste qu'elle offrait, suivant qu'elle était baignée d'ombre ou de lumière.

A droite de la porte, le fond disparaissait au milieu d'une profonde obscurité.

A gauche, au contraire, une estrade, dont la surface était drapée d'étoffes noires, recevait une puissante lumière, due à quelque appareil de concentration, placé en avant, mais de manière à ne pouvoir être aperçu.

A une dizaine de pieds de cette estrade, dont il était séparé par un écran à hauteur d'appui, se trouvait un antique fauteuil à long dossier, que l'écran entourait d'une sorte de pénombre.

Près du fauteuil, une petite table, recouverte d'un tapis, supportait une boîte rectangulaire.

Cette boîte, longue de douze à quinze pouces, large de cinq à six, dont le couvercle, incrusté de pierreries, était relevé, contenait un cylindre métallique.

Dès son entrée dans la salle, Franz s'aperçut que le fauteuil était occupé.

Là, en effet, il y avait une personne qui gardait une complète immobilité, la tête renversée contre le dos du fauteuil, les paupières closes, le bras droit étendu sur la table, la main appuyée sur la partie antérieure de la boîte.

C'était Rodolphe de Gortz.

Était-ce donc pour s'abandonner au sommeil que le baron avait voulu passer cette dernière nuit à l'extrême étage du vieux donjon ?

Non !... Cela ne pouvait être, d'après ce que Franz lui avait entendu dire à Orfanik.

Le baron de Gortz était seul dans cette chambre, d'ailleurs, et, conformément aux ordres qu'il avait reçus, il n'était pas douteux que son compagnon ne se fût déjà enfui par le tunnel.

Et la Stilla ?... Rodolphe de Gortz n'avait-il pas dit aussi qu'il voulait l'entendre une dernière fois dans ce château des Carpathes, avant qu'il n'eût été détruit par l'explosion ?... Et pour quelle autre raison aurait-il regagné cette salle, où elle devait venir, chaque soir, l'enivrer de son chant ?...

Où était donc la Stilla ?...

Franz ne la voyait ni ne l'entendait...

Après tout, qu'importait, maintenant que Rodolphe de Gortz était à la merci du jeune comte !... Franz saurait bien le contraindre à parler. Mais, étant donné l'état de surexcitation où il se trouvait, n'allait-il pas se jeter sur cet homme qu'il haïssait comme il en était haï, qui lui avait enlevé la Stilla... la Stilla, vivante et folle... folle par lui... et le frapper ?...

Franz vint se poster derrière le fauteuil. Il n'avait plus qu'un pas à faire pour saisir le baron de Gortz, et, le sang aux yeux, la tête perdue, il levait la main...

Soudain la Stilla apparut.

Franz laissa tomber son couteau sur le tapis.

La Stilla était debout sur l'estrade, en pleine lumière, sa chevelure dénouée, ses bras tendus, admirablement belle dans son costume blanc de l'Angélica d'*Orlando*, telle qu'elle s'était montrée sur le bastion du burg. Ses yeux, fixés sur le jeune comte, le pénétraient jusqu'au fond de l'âme...

Il était impossible que Franz ne fût pas vu d'elle, et, pourtant, la Stilla ne faisait pas un geste pour l'appeler... elle n'entr'ouvrait pas les lèvres pour lui parler... Hélas! elle était folle!

Franz allait s'élancer sur l'estrade pour la saisir entre ses bras, pour l'entraîner au dehors...

La Stilla venait de commencer à chanter. Sans quitter son fauteuil, le baron de Gortz s'était penché vers elle. Au paroxysme de l'extase, le dilettante respirait cette voix comme un parfum, il la buvait comme une liqueur divine. Tel il était autrefois aux représentations des théâtres d'Italie, tel il était alors au milieu de cette salle, dans une solitude infinie, au sommet de ce donjon, qui dominait la campagne transylvaine!

Oui! la Stilla chantait!... Elle chantait pour lui... rien que pour lui!... C'était comme un souffle s'exhalant de ses lèvres, qui semblaient être immobiles... Mais, si la raison l'avait abandonnée, du moins son âme d'artiste lui était-elle restée tout entière!

Franz, lui aussi, s'enivrait du charme de cette voix qu'il n'avait pas entendue depuis cinq longues années... Il s'absorbait dans l'ardente contemplation de cette femme qu'il croyait ne jamais revoir, et qui était là, vivante, comme si quelque miracle l'eût ressuscitée à ses yeux!

Et ce chant de la Stilla, n'était-ce pas entre tous celui qui devait faire vibrer plus vivement au cœur de Franz les cordes du souvenir? Oui! il avait reconnu le finale de la tragique scène

d'*Orlando,* ce finale où l'âme de la cantatrice s'était brisée sur cette
dernière phrase :

> Innamorata, mio cuore tremante,
> Voglio morire...

Franz la suivait note par note, cette phrase ineffable... Et il se
disait qu'elle ne serait pas interrompue, comme elle l'avait été
sur le théâtre de San-Carlo!... Non!... Elle ne mourrait pas entre
les lèvres de la Stilla, comme elle était morte à sa représentation
d'adieu...

Franz ne respirait plus... Toute sa vie était attachée à ce chant...
Encore quelques mesures, et ce chant s'achèverait dans toute son
incomparable pureté...

Mais voici que la voix commence à faiblir... On dirait que la Stilla
hésite en répétant ces mots d'une douleur poignante :

> Voglio morire...

La Stilla va-t-elle donc tomber sur cette estrade comme elle est
autrefois tombée sur la scène ?...

Elle ne tombe pas, mais le chant s'arrête à la même mesure, à la
même note qu'au théâtre de San-Carlo... Elle pousse un cri... et
c'est le même cri que Franz avait entendu ce soir-là...

Et pourtant, la Stilla est toujours là, debout, immobile, avec son
regard adoré, — ce regard qui jette au jeune comte toutes les ten-
dresses de son âme...

Franz s'élance vers elle... Il veut l'emporter hors de cette salle,
hors de ce château...

A ce moment, il se rencontre face à face avec le baron, qui venait
de se relever.

« Franz de Télek!... s'écrie Rodolphe de Gortz. Franz de Télek
qui a pu s'échapper... »

Mais Franz ne lui répond même pas, et, se précipitant vers l'estrade :

« FRANZ DE TÉLEK!.., » S'ÉCRIE RODOLPHE DE GORTZ. (Page 190.)

« Stilla... ma chère Stilla, répète-t-il, toi que je retrouve ici... vivante...

— Vivante... la Stilla... vivante!... » s'écrie le baron de Gortz.

Et cette phrase ironique s'achève dans un éclat de rire, où l'on sent tout l'emportement de la rage.

« Vivante!... reprend Rodolphe de Gortz. Eh bien! que Franz de Télek essaie donc de me l'enlever! »

Franz a tendu les bras vers la Stilla, dont les yeux sont ardemment fixés sur lui...

A ce moment, Rodolphe de Gortz se baisse, ramasse le couteau qui s'est échappé de la main de Franz, et il le dirige vers la Stilla immobile...

Franz se précipite sur lui, afin de détourner le coup qui menace la malheureuse folle. .

Il est trop tard... le couteau la frappe au cœur...

Soudain, le bruit d'une glace qui se brise se fait entendre, et, avec les mille éclats de verre, dispersés à travers la salle, disparait la Stilla...

Franz est demeuré inerte... Il ne comprend plus... Est-ce qu'il est devenu fou, lui aussi?...

Et alors Rodolphe de Gortz de s'écrier :

« La Stilla échappe encore à Franz de Télek!... Mais sa voix... sa voix me reste... Sa voix est à moi... à moi seul... et ne sera jamais à personne! »

Au moment où Franz va se jeter sur le baron de Gortz, ses forces l'abandonnent, et il tombe sans connaissance au pied de l'estrade.

Rodolphe de Gortz ne prend même pas garde au jeune comte. Il saisit la boîte déposée sur la table, il se précipite hors de la salle, il descend au premier étage du donjon ; puis, arrivé sur la terrasse, il la contourne, et il allait gagner l'autre porte, lorsqu'une détonation retentit.

Rotzko, posté au rebord de la contrescarpe, venait de tirer sur le baron de Gortz.

Le baron ne fut pas atteint, mais la balle de Rotzko fracassa la boite qu'il serrait entre ses bras.

Il poussa un cri terrible.

« Sa voix... sa voix !... répétait-il. Son âme... l'âme de la Stilla... Elle est brisée... brisée... brisée !... »

Et alors, les cheveux hérissés, les mains crispées, on le vit courir le long de la terrasse, criant toujours :

« Sa voix... sa voix !... Ils m'ont brisé sa voix !... Qu'ils soient maudits ! »

Puis, il disparut à travers la porte, au moment où Rotzko et Nic Deck cherchaient à escalader l'enceinte du burg, sans attendre l'escouade des agents de la police.

Presque aussitôt, une formidable explosion fit trembler tout le massif du Plesa. Des gerbes de flammes s'élevèrent jusqu'aux nuages, et une avalanche de pierres retomba sur la route du Vulkan.

Des bastions, de la courtine, du donjon, de la chapelle du château des Carpathes, il ne restait plus qu'une masse de ruines fumantes à la surface du plateau d'Orgall.

XVII

On ne l'a point oublié, en se reportant à la conversation du baron et de Orfanik, l'explosion ne devait détruire le château qu'après le départ de Rodolphe de Gortz. Or, au moment où cette explosion s'était produite, il était impossible que le baron eût eu le temps de s'enfuir par le tunnel sur la route du col. Dans l'emportement de la douleur,

Une formidable explosion... (Page 192.)

dans la folie du désespoir, n'ayant plus conscience de ce qu'il faisait, Rodolphe de Gortz avait-il provoqué une catastrophe immédiate dont il devait avoir été la première victime? Après les incompréhensibles paroles qui lui étaient échappées, au moment où la balle de Rotzko venait de briser la boîte qu'il emportait, avait-il voulu s'ensevelir sous les ruines du burg?

En tout cas, il fut très heureux que les agents, surpris par le coup de fusil de Rotzko, se trouvassent encore à une certaine distance, lorsque l'explosion ébranla le massif. C'est à peine si quelques-uns furent atteints par les débris qui tombèrent au pied du plateau d'Or-gall. Seuls, Rotzko et le forestier étaient alors au bas de la courtine, et, en vérité, ce fut miracle qu'ils n'eussent pas été écrasés sous cette pluie de pierres.

L'explosion avait donc produit son effet, lorsque Rotzko, Nic Deck et les agents parvinrent, sans trop de peine, à franchir l'enceinte, en remontant le fossé, qui avait été à demi comblé par le renversement des murailles.

Cinquante pas au delà de la courtine, un corps fut relevé au milieu des décombres, à la base du donjon.

C'était celui de Rodolphe de Gortz. Quelques anciens du pays, — entre autres maitre Koltz, — le reconnurent sans hésitation.

Quant à Rotzko et à Nic Deck, ils ne songeaient qu'à retrouver le jeune comte. Puisque Franz n'avait pas reparu dans les délais convenus entre son soldat et lui, c'est qu'il n'avait pu s'échapper du château.

Mais Rotzko n'osait espérer qu'il eût survécu, qu'il ne fût pas une des victimes de la catastrophe; aussi pleurait-il à grosses larmes, et Nic Deck ne savait comment le calmer.

Cependant, après une demi-heure de recherches, le jeune comte fut retrouvé au premier étage du donjon, sous un arcboutement de la muraille, qui l'avait empêché d'être écrasé.

» Mon maitre... mon pauvre maitre...

— Monsieur le comte... »

Ce furent les premières paroles que prononcèrent Rotzko et Nic Deck, lorsqu'ils se penchèrent sur Franz. Ils devaient le croire mort, il n'était qu'évanoui.

Franz rouvrit les yeux; mais son regard sans fixité ne semblait ni reconnaitre Rotzko ni l'entendre.

Nic Deck, qui avait soulevé le jeune comte dans ses bras, lui parla encore; il ne fit aucune réponse

Ces derniers mots du chant de la Stilla s'échappaient seuls de sa bouche :

Innamorata... Voglio morire...

Franz de Télek était fou.

XVIII

Personne, sans doute, puisque le jeune comte avait perdu la raison, n'aurait jamais eu l'explication des derniers phénomènes dont le château des Carpathes avait été le théâtre, sans les révélations qui furent faites dans les circonstances que voici :

Pendant quatre jours, Orfanik avait attendu, comme c'était convenu, que le baron de Gortz vînt le rejoindre à la bourgade de Bistritz. En ne le voyant pas reparaître, il s'était demandé s'il n'avait pas été victime de l'explosion. Poussé alors par la curiosité autant que par l'inquiétude, il avait quitté la bourgade, il avait repris la route de Werst, et il était revenu rôder aux environs du burg.

Mal lui en prit, car les agents de la police ne tardèrent pas à s'emparer de sa personne sur les indications de Rotzko, qui le connaissait et de longue date.

Une fois dans la capitale du comitat, en présence des magistrats devant lesquels il fut conduit, Orfanik ne fit aucune difficulté de répondre aux questions qui lui furent posées au cours de l'enquête ordonnée sur cette catastrophe.

Nous avouerons même que la triste fin du baron Rodolphe de Gortz

ne parut pas émouvoir autrement ce savant égoïste et maniaque, qui
n'avait à cœur que ses inventions.

En premier lieu, sur les demandes pressantes de Rotzko, Orfanik
affirma que la Stilla était morte, bien morte, et — ce sont les expres-
sions mêmes dont il se servit, — qu'elle était enterrée et bien
enterrée depuis cinq ans dans le cimetière du *Campo Santo Nuovo*,
à Naples.

Cette affirmation ne fut pas le moindre des étonnements que devait
provoquer cette étrange aventure.

En effet, si la Stilla était morte, comment se faisait-il que Franz
eût pu entendre sa voix dans la grande salle de l'auberge, puis la voir
apparaître sur le terre-plein du bastion, puis s'enivrer de son chant,
lorsqu'il était enfermé dans la crypte?... Enfin comment l'avait-il re-
trouvée vivante dans la chambre du donjon?

Voici l'explication de ces divers phénomènes, qui semblaient devoir
être inexplicables.

On se souvient de quel désespoir avait été saisi le baron de Gortz,
lorsque le bruit s'était répandu que la Stilla avait pris la résolution
de quitter le théâtre pour devenir comtesse de Télek. L'admirable
talent de l'artiste, c'est-à-dire toutes ses satisfactions de dilettante,
allaient lui manquer.

Ce fut alors que Orfanik lui proposa de recueillir, au moyen d'appareils phonographiques, les principaux morceaux de son répertoire
que la cantatrice se proposait de chanter à ses représentations d'adieu.
Ces appareils étaient merveilleusement perfectionnés à cette époque,
et Orfanik les avait rendus si parfaits que la voix humaine n'y subis-
sait aucune altération, ni dans son charme, ni dans sa pureté.

Le baron de Gortz accepta l'offre du physicien. Des phonographes
furent installés successivement et secrètement au fond de la loge
grillée pendant le dernier mois de la saison. C'est ainsi que se gravèrent
sur leurs plaques, cavatines, romances d'opéras ou de concerts, entre
autres, la mélodie de Stéfano et cet air final d'*Orlando* qui fut interrompu par la mort de la Stilla.

Voilà en quelles conditions le baron de Gortz était venu s'enfermer au château des Carpathes, et là, chaque soir, il pouvait entendre les chants qui avaient été recueillis par ces admirables appareils. Et non seulement il entendait la Stilla, comme s'il eût été dans sa loge, mais — ce qui peut paraître absolument incompréhensible, — il la voyait comme si elle eût été vivante, devant ses yeux.

C'était un simple artifice d'optique.

On n'a pas oublié que le baron de Gortz avait acquis un magnifique portrait de la cantatrice. Ce portrait la représentait en pied avec son costume blanc de l'Angélica d'*Orlando* et sa magnifique chevelure dénouée. Or, au moyen de glaces inclinées suivant un certain angle calculé par Orfanik, lorsqu'un foyer puissant éclairait ce portrait placé devant un miroir, la Stilla apparaissait, par réflexion, aussi « réelle » que lorsqu'elle était pleine de vie et dans toute la splendeur de sa beauté. C'est grâce à cet appareil, transporté pendant la nuit sur le terre-plein du bastion, que Rodolphe de Gortz l'avait fait apparaître, lorsqu'il avait voulu attirer Franz de Télek; c'est grâce à ce même appareil que le jeune comte avait revu la Stilla dans la salle du donjon, tandis que son fanatique admirateur s'enivrait de sa voix et de ses chants.

Telles sont, très sommaires, les renseignements que donna Orfanik d'une manière plus détaillée au cours de son interrogatoire. Et, il faut le dire, c'est avec une fierté sans égale qu'il se déclara l'auteur de ces inventions géniales, qu'il avait portées au plus haut degré de perfection.

Cependant, si Orfanik avait matériellement expliqué ces divers phénomènes, ou plutôt ces « trucs », pour employer le mot consacré, ce qu'il ne s'expliquait pas, c'était pourquoi le baron de Gortz, avant l'explosion, n'avait pas eu le temps de s'enfuir par le tunnel du col du Vulkan. Mais, lorsque Orfanik eut appris qu'une balle avait brisé l'objet que Rodolphe de Gortz emportait entre ses bras, il comprit. Cet objet, c'était l'appareil phonographique qui renfermait le dernier

chant de la Stilla, c'était celui que Rodolphe de Gortz avait voulu
entendre une fois encore dans la salle du donjon, avant son effon-
drement. Or, cet appareil détruit, c'était la vie du baron de Gortz
détruite aussi, et, fou de désespoir, il avait voulu s'ensevelir sous les
ruines du burg.

Le baron Rodolphe de Gortz a été inhumé dans le cimetière de
Werst avec les honneurs dus à l'ancienne famille qui finissait en sa
personne. Quant au jeune comte de Télek, Rotzko l'a fait transporter
au château de Krajowa, où il se consacre tout entier à soigner son
maître. Orfanik lui a volontiers cédé les phonographes où sont recueillis les autres chants de la Stilla, et, lorsque Franz entend la voix
de la grande artiste, il y prête une certaine attention, il reprend sa
lucidité d'autrefois, il semble que son âme s'essaie à revivre dans les
souvenirs de cet inoubliable passé.

De fait, quelques mois plus tard, le jeune comte avait recouvert la
raison, et c'est par lui qu'on a connu les détails de cette dernière
nuit au château des Carpathes.

Disons maintenant que le mariage de la charmante Miriota et de
Nic Deck fut célébré dans la huitaine qui suivit la catastrophe. Après
que les fiancés eurent reçu la bénédiction du pope au village de
Vulkan, ils revinrent à Werst, où maître Koltz leur avait réservé la
plus belle chambre de sa maison.

Mais, de ce que ces divers phénomènes ont été mis à jour d'une
façon naturelle, il ne faudrait pas s'imaginer que la jeune femme ne
croit plus aux fantastiques apparitions du burg. Nic Deck a beau la
raisonner, — Jonas aussi, car il tient à ramener la clientèle au *Roi
Mathias*, — elle n'est point convaincue, pas plus, d'ailleurs, que ne
le sont maître Koltz, le berger Frik, le magister Hermod et les autres
habitants de Werst. On comptera bien des années, vraisemblable-
ment, avant que ces braves gens aient renoncé à leurs superstitieuses
croyances.

Toutefois, le docteur Patak, qui a repris ses fanfaronnades habi-
tuelles, ne cesse de répéter à qui veut l'entendre :

« Eh bien ! ne l'avais-je pas dit ?... Des génies dans le burg !... Est-ce qu'il existe des génies ! »

Mais personne ne l'écoute, et on le prie même de se taire, lorsque ses railleries dépassent la mesure.

Du reste, le magister Hermod n'a pas cessé de baser ses leçons sur l'étude des légendes transylvaines. Longtemps encore, la jeune génération du village de Werst croira que les esprits de l'autre monde hantent les ruines du château des Carpathes.

FIN DU CHATEAU DES CARPATHES

32649. — Paris, Imprimerie GAUTHIER-VILLARS, 55, Quai des Grands-Augustins.

Ingram Content Group UK Ltd.
Milton Keynes UK
UKHW020119200523
422059UK00005B/83